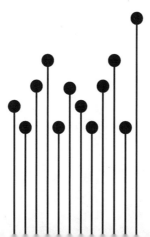

ANIMAL FIERO Y TIERNO
fierce and tender animal

Ángela María Dávila Malavé

translated by
ROQUE RAQUEL SALAS RIVERA
with unpublished materials

ANIMAL FIERO Y TIERNO
fierce and tender animal

UN SOL AZUL,
A BLUE SUN,

un ojo mirando al infinito,
una paloma de luz humedecida,
un ojo sigiloso resbalando en la noche,
el siniestro pudor ante el misterio;
el abismo al acecho,
el agua nombradora
del animal,
a diario fiero y tierno;
una raíz bajando hacia la estrella,
malabarismos, trucos
para entender la luz
a veces más oscura que la sombra,
rigen esta punzante pasión
por la palabra.

an eye staring into infinity,
a dove of moistened light,
a stealthy eye slipping in the dark,
the sinister modesty facing mystery;
the prowling abyss,
the water that names
the daily fierce and tender
animal,
a root descending toward the star,
balancing acts, tricks
for understanding that light[1]
at times darker than shadow,
all rule this piercing passion
for the word.

1

AUTODEDICATORIA

*"las voces generales, al acecho
me gritan por la calle sobrenombres:
'no eres tú la amorosa
que busca entre las bestias
la fuente de su estirpe?'"*

1969

1

SELFDEDICATION

*"general voices, prowling
scream sobriquets at me in the street:*[2]
'aren't you the loving one, who slowly[3]
*seeks among the beasts
the source of her lineage?'"*

1969

DEDICATORIA

a mi abuela,
la fundadora de la ternura;
a mi madre,
fuente de vida inagotable;
a sylvia y a julia
por la canción interminable;
a lolita lebrón
por la fiereza;
por lo que han hecho de mí
como animal terrícola, hembra,
americana, antillana, boricua,
para SIEMPRE.

1976

DEDICATION

*for my grandmother,
the foundress of tenderness;
for my mother,
inexhaustible lifesource;
for sylvia and julia
for their interminable song;
for lolita lebrón,
for her fierceness;
for what they have made of me
as a female, earth-sown, earthling,[4]
americana,[5] antillean,[6] boricua
animal, FOREVER.*

PRIMERA
REGIÓN

frontera con el aire

FIRST REGION

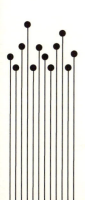

border with the air

*"una cáscara dura
 que detiene su límite
 en la mano cercana
 y en la lengua más próxima."*

"a hard rind[7]
*that detains its limit
in the nearby hand
and the closest tongue."*

Pero, ¿desde qué fondo se incendió la paloma
que me dictó aquel signo enanito y potente?
¿llamando hacia qué labio primogénito?
¿dónde la atrocidad marcó su símbolo?
¿en qué dolor dolió la primer época?
¿en qué árbol?
¿en cuál meñique,
en qué dedo gordísimo del pie
hay que colgar la punta de la estrella inexistente?
hay un duende jueyero,
uno con un ojazo como de luna turbia,
el que descifra y dice los cangrejos oscuros
su historia amoratada desde cuando eran niños.
hay que ver:
hay que ver cómo canta la huella,
y en qué olvido
y con qué estrella opaca se rasca la memoria,
hay que anotar al calce de todos los crepúsculos
agujeros y luces,
sombras, muñecas rotas, espejos olvidados…

but, from what depth did the dove catch fire,
who dictated that dwarfish and potent sign?
calling toward what firstborn lip?
where did the atrocity mark its symbol?
in what pain was the first epoch pained?
in what tree?
on which pinky,
on what fattest toe of the foot
must one hang the tip of the inexistent star?
there is a crabber elf,
with a grand megaeye like a turbid moon,[8]
that deciphers and speaks dark crabs
since childhood, their history bruised.[9]
let's see:[10]
let's see how the footstep sings,
and in what forgetting[11]
and what opaque star is its memory scratcher,
let's footnote all the dusks
perforations, and lights,[12]
shadows, broken dolls, forgotten mirrors...

antes de que el dolor tocara
con la sombra la puerta de mis labios
había ayes precediéndolo.
mucho antes
de sus terribles oes en el aire,
de su ere rasgando la niebla rara del silencio:
ahogado,
un grito presintiéndolo,
un agua revolviéndose
y el primer manantial,
amenazado,
preparando su oficio de lágrimas futuras.
antes de que mi boca,
antes de que mi lengua revolcándose
sospechara su símbolo
sabía la garganta del temblor, de mi víscera
del centro de mi vientre sabio,
simple y profundo
como todos los centros encentrados del mundo.
antes del grito colgado con palabras,
mi músculo
se resistía rígido ante el espanto.
silencio.
los ojos tragadores,
temblor, carrera, luces,
la sombra del asombro gestando,
gestionando,
antes de que el dolor golpeara
para siempre
la puerta de mis labios.

before pain knocked
with its shadow on the door of my lips
there were preceding ays.
way before
its terrible ohs sailed the air,
its rrr clawing the strange mist of silence:[13]
drowned,
a scream sensing its approach,
a water churning,[14]
and the first wellspring,
threatened,
training in the craft of future tears.
before my mouth,
before my tongue rolling around
suspected its symbol
my throat knew of the tremor, of my viscera
knew of the center of my wise womb,
simple and profound,
like all the centered centers of the world.
before the scream decorated with words,[15]
my muscle
resisted rigidly facing terror.
silence.
swallower eyes,
tremor, sprint, lights,
the shadow of wonder gestating,
generating, making moves,[16]
before pain began knocking
forever
on the door of my lips.

Cercanamente lejos
de esta pequeña historia
expandida hacia todo deteniéndose.
se oye que dicen:
qué importa tu tristeza,
tu alegría,
tu hueco aquel sellado para siempre,
tu pequeño placer,
tus soledades
mira hacia atrás, y mira a todas partes.
yo miro,
de millones de pequeñas historias
está poblado todo:
¿importa que la lágrima
que a veces me acompaña y me abandona
se funda con el aire?
¿importa si mi cólera
detiene una sonrisa?
¿importa si algún rostro
tropieza con mi puño,
si algún oído atento
rueda hasta mi canción imperceptible?
¿qué importará, me digo
cuánta risa futura
fluya de mi placer hacia otra lágrima?
¿importa si mi pena
alegra la bondad de un caminante?
mirándome las uñas
y rebuscando esta pequeña historia
por dentro de mis ojos diminutos
descubro la partícula gigante
donde habito.

Closely far away
from this small history,[17]
expanding toward everything stopping.
one hears them say:
what does your sadness matter,
your joy,
that hollow of yours forever sealed,
your small pleasure,
your solitudes
turn and look back, and look everywhere.
i look,
everything is populated
with millions of small stories:
does it matter if the tear
that sometimes accompanies or abandons
merges with the air?
does it matter if my rage
stops a smile?
does it matter if some face
stumbles on my fist,
if some attentive ear
rolls up to my imperceptible song?
what will it matter, i say to myself,
how much future laughter
flows from my pleasure toward another tear?
does it matter if my sorrow
brings joy to a wayfarer's kindness?
looking at my nails
and rummaging through this small story
inside my narrow, even smaller eyes
i discover the giant particle
i inhabit.

Con el recuerdo al hombro,
pero fíjense, ¿ah?
qué muchas trampas hondas nos detienen
y cómo con lo hondo nos movemos.
y nos vemos aquí
con nuestra gran pequeña cabecita
la diminuta cabezota
recordando el futuro imaginario
inventando y planeando
ese poderosísimo pasado.
¿y es o no es que todavía hay muchos
que insisten en creer en el presente
y que dicen que viven presentemente?
que no conjugan nunca el verbo ser,
ni estoy,
pero que allá en el fondo de sus neuronas mágicas
habitan implacables los fui con los seré,
los fuimos con seremos.
¿y es o no es
que la cabeza sola se encarga minuciosa
de anular con astucia
esas conjugaciones posibles en el tiempo?
eres soy, fui, seré, pude haber sido
en la inconmensurable sucesión simultánea
del cerebro;
y serás fuiste, fuimos, seremos, estaremos,
      enclaustrados
  debajo de tu cráneo

mientras vives, viviste, vivirás,
hasta tu muerte.

memory is slung over my shoulder,
but hey, isn't it something?
how many deep snares stop us
and how with the deep we move.
and find each other here[18]
with our great small cabecita[19]
our miniature huge megahead, our cabezota,
remembering the imaginary future
inventing and planning
that superpowerful past.
and is or is it not true that there are still many
who insist on believing in the present
and say that they live presently?
that never ever conjugate the verb ser,
nor estar,
but that there, at the bottom of their magical neurons
they implacably coinhabit, the was with the i'll be's,
the we were's with the we will be's.
and is it or is it not true
that the head alone takes meticulous care
to cleverly destroy
these possible conjugations in time?
you are i-am, i was, will be, could have been
in the incommensurable simultaneous succession
of the brain;
and you'll be were, we were, we'll be, will be
       cloistered
  under your cranium

while you live, lived, will live
until your death.

ante tanta visión de historia y prehistoria,
de mitos,
de verdades a medias —o a cuartas—
ante tanto soñarme, me vi,
la luz de dos palabras me descolgó la sombra:
animal triste.
soy un animal triste parado y caminando sobre un globo de tierra.
lo de animal lo digo con ternura,
y lo de triste lo digo con tristeza,
como debe ser,
como siempre le enseñan a uno el color gris.
un animal que habla
para decirle a otro parecido su esperanza.
un mamífero triste con dos manos
metida en una cueva pensando en que amanezca,
con una infancia torpe y oprimida por cosas tan ajenas.
un pequeño animal sobre una bola hermosa,
un animal adulto,
hembra con cría,
que sabe hablar a veces
y que quisiera ser
un mejor animal.
animal colectivo
que agarra de los otros la tristeza como un pan repartido,
que aprende a reír sólo si otro ríe
—para ver cómo es—
y que sabe decir:
soy un animal triste, esperanzado,
vivo, me reproduzco, sobre un globo de tierra.

facing so much vision of history and prehistory,
of myths,
of half—or quarter—truths,
facing so much self-dreaming, i saw myself,
the light of two words took off my shadow:
sad animal.
i am a sad animal standing and walking on a globe of earth.[20]
the animal part i say with tenderness,
the sad part i say with sadness,
as is only right,
the way they always teach us the color grey.
an animal that speaks
to tell a similar animal its hope.
a sad mammal with two hands,
deep in a cave thinking of the coming dawn,
with a clumsy infancy, oppressed by things so foreign.
a small animal on a beautiful ball,
an adult animal,
a female with her brood,
that sometimes knows speech,
and would like to be
a better animal.
a collective animal
that grabs sadness from others like shared bread,
and learns to laugh only if another laughs
—to see what it's like—
and knows how to say:
i am a sad, hopeful animal,
i live, i reproduce, on a globe of earth.

fechas para esta región

1 1966
2 1974
3 1973
4 1972 y
5 1971

dates for
this region

1 1966
2 1974
3 1973
4 1972 and
5 1971

SEGUNDA
REGIÓN

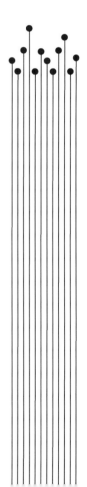

mundo musgo, angelita

SECOND REGION

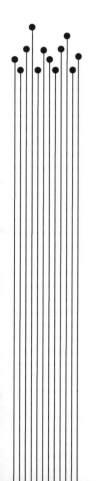

moss world, angelita

*"hay cierto territorio
que no sabe de tiempo
ni distingue relojes."*

"there is a certain territory that knows nothing of time and can't distinguish watches."[21]

Cuando revienta un rayo
o una nube
y cuando la tiniebla se ha poblado de sonidos clarísimos
y una imagen oscura en la cabeza,
qué bueno cobijarse
y apretarse unos contra los otros
y un poco más los que mejor se quieren
y ese codo cercano,
esa mano,
una mirada clara de frente,
algo rico y caliente de beber;
cómo va disolviéndose
ese temblor tan malo,
un jugo espeso y áspero
que como que deshace la carne
como si se ablandaran las junturas
de los huesos.
pero ¿qué importa el ruido de allá fuera?
¿habrá partido el rayo algo importante?
se va entibiando uno
y ya la sangre va corriendo mejor.
¿habrá causado daño la lluvia?
y el calor de la piel más cercana que dice:
vamos a esperar juntos que salga el sol.

When lightning
   or a cloud strikes,
and when gloom is peopled by clearest sounds
and an image goes dark in the mind,[22]
it feels so good to take shelter
and squeeze against each other
and a bit tighter for those who love best,
and that neighboring elbow,
that hand,
and staring into a clear stare,
with a delicious and hot drink;
how it dissolves
that awful tremor,
a thick and pungent juice,
which sort of undoes the flesh
as if softening the bones'
joints.
but who cares about the noise out there?
did lightning split open anything important?
everything begins to warm up
and blood starts flowing better.
did the rain leave any damage?
and the heat from the nearest skin says:
let's wait together for the sun to rise.

*"es de muchas soledades
que se funda la compaña"*

*"of many solitudes
is a compaña founded"*[23]

no digas más:
sabemos que de cualquier rincón
salimos cualquier día
hace miles de años,
centenares de vigilias atroces,
hace mucho camino construído
con la fuerza del sol que nos consume,
con la luna chiquita que tragamos
el día que nacimos,
(y qué grande se ha puesto,
parece que fue ayer que estaba nueva)
yo sé que nos soñamos
con la fiereza del que enloquece solo,
desdoblando horizontes de bolsillo
con esa incomprensible nostalgia del futuro
que nos denuncia.
ahora nos miramos
con el asombro más natural del mundo,
con susto de misterios claros como amapolas
con la candela fresca
de todos los encuentros amorosos;
ahora resulta
que no estábamos solos,
que somos muchos,
ahora nos vestimos con el cansancio diario
brincando de alegría
con un montón de estrellas por un ojo
y un lagrimón eterno por el otro;
con esa misma angustia
mil años compartida
sin saberlo.
sabemos que hace tiempo
tuvimos la confusa certeza de este día
en que dejando atrás la soledad aquella
podríamos decirnos:

Say no more:
we know from some alcove
we emerged on any given day
thousands of years ago,
after hundreds of atrocious vigils,
after laying so much road
with the strength of the consuming sun,
with the tiny moon we swallowed
the day we were born,
(and it's gotten so big,
seems like just yesterday it was brand new)
i know that we dream ourselves
with the fierceness of losing one's mind all alone,
unfolding pocket horizons
with that mystifying nostalgia for the future
that denounces us.
now we look at each other
with the most natural wonder in the world,
with fear of mysteries clear as poppies
with the fresh candle
of all those trysts;
now we find out
that we were not alone,
that we are many,
now we put on our daily exhaustion
jumping for joy
with a bunch of stars for an eye
and an evergreen giant tear for the other;
with that same anguish
we never knew
we shared for a thousand years.
we know that long ago
we felt the confused certainty of this day
when leaving behind that solitude
we could finally tell each other:

me siento solo
y sé que tú lo sabes;
y sonreírnos juntos,
detestarnos a veces con ternura,
hablar a borbotones
con las palabras nuevas ya sabidas
para estrenar un sueño con la fiera alegría
de enloquecernos juntos.

i feel alone,
and i know you know it;
and could smile together,
loathe each other tenderly at times,
language gushing out
with new, already known words
to launch a dream with the fierce joy
of losing our minds together.

a don césar vallejo
muela de piedra, masticador
de todas las penas humanas, poeta
invencible, querido hombre
acorralado por el dolor,
por la ternura
de su lengua
semillosa;
su lengua
fundadora
entre pedruscos
y terrones de esas
espigas como palabras;
regadas con canales
de un llanto de montaña;
con un hilo de agua
filoso de dolencia:
con cariño y respeto.

aquel amigo
que me golpea tiernamente con su diminutivo
¡qué aumentativo suena!
qué oreja aumentativa escucha las cositas,
y qué cosotas suenan.
qué cositas lejanas se escuchan las cosas importantes,
qué pequeñitos se ven los cataclismos,
los meñiques se me llenan de miel,
el abismo ya es grieta
y la luna se puede recoger en un ojo
como una lágrima detenida.

for don césar vallejo
stone molar, chewer of all
human sorrow, invincible
poet, beloved man
corralled by pain,
by the tenderness
of his kernelled
tongue;
his founding
tongue[24]
among boulders
and clods of those
spikes like words;
irrigated by canals
of mountainous tears;[25]
with a string of water
sharpened by affliction:
with affection and respect.

that friend
who tenderly beats me with his diminutive
how augmentative he sounds!
what an augmentative ear hears cositas,[26]
and what cosotas chime.
what distant cositas hear themselves important cosas,
how pequeñitos the cataclysms look,
my pinkies get covered in honey,
the abyss is already a crevice,
and an eye can collect the moon
like a halted tear.

la viga es paja ínfima;
en un minuto
los carteles se vuelven miniaturas
y en la puntita aguda
de un alfiler increíble
se refugia el dolor,
como un acento en la í, ahí.
cuando llueven los itos
la sombra ancha se hace un filito breve;
es como levantar la piedra esdrújula
y descubrir un angelita mundo musgo y húmedo
es,
como chiquitear el ruido y rumorarlo
a vocecita limpia,
a cantacito (chico,
¡habráse visto cosa más grande!)

the beam is a paltry splinter;²⁷
in a minute
posters become portrait miniatures²⁸
and pain takes shelter
in the acute micropoint
of an incredible pin,
like an accent on the í, ahí.
there, when the itos rain
wide shadow becomes a brief little blade;
it's like lifting the esdrújula rock
to discover an angelita moss and humid world
it is,
like dwindling and whispering the din
with the force of a clean little voice,
a slight blow (chico,
has the world witnessed anything greater!)

tanto poco y es tanto
tanto poco dolor que se agiganta
tanta poca alegría reluciente.
aquel ojo mi hermano,
ese pedazo mío de mano
con sus dedos en orden
que me saluda,
aquel fragmento de todas mis miradas
que me observa frontal
ahí,
a tres pocos de aire.
aquel poquito mío de sonrisa que observo
en el labio extendido de mi amigo.
tantos pocos
y tanto pedacito viviendo y caminando
desprendido y prendido a ese todísimo
que me apoca, me crece,
sirviéndome de espejo reflejado…
no sé por qué de golpe me recuerdo
(mi mamá preguntándome con la voz como pétalos
sabiendo la respuesta,)
yo estirando la entonces pequeñísima
extensión de mis brazos:
"te quiero así de grande,
como el cielo de grande."
yo diminuta.

So much little and it's so much
so much little pain that giants up
so much little shimmering joy
that eye my brother,
that piece of mine, my other
hand with its fingers in order
that says hi,
that fragment of all my gazes
observing me frontally
ahí,
three bits of air away.
that little bit of self in my smile that i observe
on my friend's extended lip.
so many littles
and so much tiny shard living and walking
fastened and unfastened to that whole everything
whittling me, growing me,
being my reflected mirror…
i don't know why without warning i recall myself
(my mother asking me with a voice like petals,
already knowing the answer,)
my stretching the extra small
extension of my arms:
"i love you this big,
like the sky is big."
i being miniature.

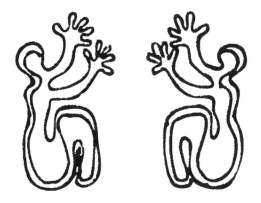

"vientre es otra manera de decir luz"
aurelio lima dávila

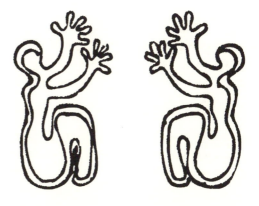

"womb is another way of saying light"
aurelio lima dávila

> *a la presencia de mi madre:*
> *si hubiera sospechado este poema*
> *hubiera compartido mi tristeza*

aquí:
rodeada de un jamás que recorre tu nombre para
   siempre
y un silencio espantoso que acude desde el fondo
te recuerdo
desde la claridad que me ofreciste,
y el dolor se disuelve cotidiano y preciso
por mi alegría diaria,
por sobre las tristezas ajenas a tu ausencia
y la palabra "nunca" crece con la distancia
acosando mi nombre,
merodeándome;
y tus ojos perdidos
y tus queridas manos
y el olor de tu sangre
brillando como siempre por detrás de mis ojos
asestándome un golpe entristecido
me detienen el aire.
tropiezo con tu ausencia
en las esquinas de las calles,
en algunas canciones,
en las cucharas que a veces se me amargan
en el sillón pequeño de paja que recuerdo
en esas noches tristes que requieren consuelo
y en los días alegres de compartir palabras;

for my mother's presence:
if she had suspected this poem
she would have shared my sadness

there:
    surrounded by a never that eternally roams
    your name
and a frightful silence that shows up from the depths[29]
i remember you
from that clarity you offered,
and the pain dissolves daily and precise
throughout my everyday joy,
despite sadnesses untouched by your absence
and the word "never" grows with the distance
my name, harassing;[30]
circling me;
and your lost eyes
and your loved hands
and the smell of your blood
shining as usual from behind my eyes
striking a saddened blow
all stop my air.
i trip on your absence
on street corners,
in some songs,
in spoons that sometimes go all bitter
on the small wicker armchair i remember
on those sad nights requiring consolation
and on those happy days when we share words;

en plantas florecidas
y también en las cosas que nunca nos dijimos;
en mi niño pequeño
y el hueco que en el aire le dejó tu sonrisa.
¿hacia qué porvenir tristísimo y remoto
camina la ternura truncada y abatida,
la sorpresa indecible
que nunca se termina ni descansa?
los cuchillos del tiempo
dibujan la costumbre del dolor
y una lágrima fresca y desdoblada
cumple con su tarea.

in blooming plants
and also in the things we left unspoken;
in my small boy
and the hollow your smile left him in the air.
toward what supersad and remote future
does tenderness walk truncated and dejected,
the unspeakable surprise
that never ends nor rests?
time's knives
sketch the habit of pain
and a glistening and unfolded tear
fulfills its task.

Lagartito,
lagartito tibio y húmedo
por ahí viene tu madre
con un cristal en la mano
para alumbrarte la sangre,
manantialitos doblados
en las gavetas del aire
para sembrarte de ríos
los aromas y las calles,
hace tiempo viene andando
en silencio y sin pararse
por los caminos más verdes
y más viejos de la tarde,
lagartito,
mi campanada espumosa y resonante.

lagartito,
    lil humid and lukewarm lizard
here comes your mother
with some glass in her hand[31]
to light up your blood,
with springlets folded
in the air's drawers
to sow you with rivers
through your aromas and streets,
she's been coming for a long time
in silence and relentless[32]
down the greenest
and oldest evening paths,
lagartito,
my spumy and resonant chiming.

niño mío,
tú miras en mis ojos, ¿y qué ves?
¿ves mi cariño como una roca blanda cimentándote?
¿ves cómo tiemblo
por temor a ensuciar un poco tu mejilla?
¿ves cómo busco a tientas tu misterio
para poder sembrarte luces en las palabras?
¿ves mi palabra
enorme y balbuceante jeroglífico
que te rumora, dice,
que a veces te interrumpe tu sueñito de sol
y tu pequeña y gigantesca búsqueda?
¿ves cómo a veces ruedan piedras en mis palabras?
¿y ves cómo se ablanda y humedece
esa región segura donde moras?
si vieras
cómo quiero tejer las pajas de tu nido
qué caminos vislumbro
y qué pasos
para llegar sin ruido hacia la puerta
que quiero abrirte;
si vieras
que cantidad de risas intercalo
en mi largo camino que no sabes
para vivir de frente tu dulzura.
niño mío:
si acaso ves una paloma triste,
sombras acumuladas,
o pedacitos duros,
no temas
que mi sonrisa es alta para ti
y el agua que me expande por tu risa
no podré contenerla ni escribirla.

niño mío,
you look into my eyes, and what do you see?
do you see my affection like a soft rock cementing you?
do you see how i tremble
for fear of dirtying your cheek even a little?
do you see how i grope for your mystery
to sow lights in your words?
do you see my word
enormous and babbling hieroglyph
that rumors you, that says,
that sometimes interrupts your tiny sun dream
and your small and gigantic search?
do you see how sometimes stones roll in my words?
and do you see how that safe region where you dwell
softens and moistens?
if you saw
how i wish to sew the straws in your nest
what paths i foresee
and what steps
i take to furtively reach the door[33]
i'd like to open for you;
if you saw
just how much laughter i intersperse
on my long road you don't know,
to live facing your sweetness.[34]
my son,
if by chance you see a sad dove,
accumulated shadows,
or hard little pieces,
do not fear
for my smile stays high for you
and through your laughter, i am spread
by a water i can't contain or transcribe.

homenaje

julia, yo vi tu claridad
y vi el abismo insondable de tu entraña.
vi tus oscuras vísceras con estrellas dormidas.
vi cómo deshojabas el misterio
para quedarte a solas
con pistilos y estambres luminosos,
enjugando los pétalos con lágrimas.
yo vi con cuánto asombro adolorido
te enfrentabas al mundo.
yo vi cómo el silencio
no pudo amordazar tu lengua transparente;
lo silenciaste a golpe limpio de ola
poblándolo de células palabras,
vi cómo las palabras
son agua y son torrente por tu boca.
julia,
como viviste para la claridad, te fuiste desvivida;
tal vez yo pueda ser un mucho tu pariente,
sobrina, nieta, hija, hermana, compañera
por la vena de sangre, río luz que se expande
saltando por el tiempo;
de tu tumba a mi oído
de tu vida quebrada hasta mis pájaros
de tu oído silente hasta mi canción titubeante
de tus alas cortadas hasta mis cicatrices
de tus flores al viento como estrellas
desde nuestro dolor,
hay mucho espacio mudo de fronteras continuas
hay mucha sombra y mucha canción rota
hay mucha historia.

homage

julia, i saw your clarity
and i saw the unfathomable abyss of your core.
i saw your dark viscera with sleeping stars.
i saw how you plucked the leaves of mystery
to be left alone
with luminous pistils and stamens,
soaking petals with tears.
i saw the force of your hurt wonder
confront the world.
i saw how silence
could not gag your transparent tongue;
you silenced silence with the waves' bare blows,[35]
populating it with celular words,
i saw how words
are water and torrent through your mouth.
julia,
because you lived for brightness, for clarity,
after giving it all, you left, unalived;[36]
perhaps you can see me as a close relative,
niece, granddaughter, daughter, sister, compañera
through blood, its vein, a light river that expands
skipping through time;[37]
from your tomb to my ear
from your busted life to my birds
from your silent ear to my faltering song
from your clipped wings to my scars
from your flowers like stars in the wind
reaching out from our pain,
there is much muted space of undisturbed borders
there is much shadow and much broken song;
there is much history.

*¿quién le puso al dolor
los cascabeles?*

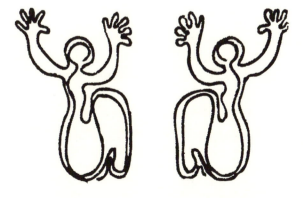

*who put the sleigh bells
on sorrow?*

poema para una noche de amor

era una noche
de campanadas y palomas ágiles
tan muchísimo mil ternuras por recodo
tan montones de duende por abismo
tan tamarindo, tan árbol,
tan florecita agria y congelada
tan tan multiplicadísimo
y tan: ¿quién le puso al dolor los cascabeles?
la soledad exacta y diluida
en voy y vengo
sonreía aupada
hasta donde se quiebra el cristal enmohecido
hasta donde no existe la lágrima del musgo
porque sabe que su giro dolido
no tiene ya que ver con el ombligo
que le nubla su historia de manantial doblado,
de pliegues duros y dulcísimos,
de ave, de túnel florecido,
de incursiones de yerba.

poem for a night of love

it was a night
of striking bells and agile doves
so much many thousand tendernesses per bend
so many heaps of duende per abyss[38]
so tamarind, so tree,
so bitter little frozen flower
so so supermultiplied
and so: who put the sleigh bells on sorrow?
solitude exact and diluted
in coming and going[39]
smiled hoisted
up to where the rusty glass shattered
up to the disappearance of the moss' tear
because it knows its pained turning[40]
has nothing more to do with the navel
that fogs its history of folded wellsprings,[41]
of hard and supersweet folds,
of bird, of blossomed tunnel,
of grass incursions.

desde la región luminosa,
desde el agua ventana por donde yo me asomo
hacia dentro del mundo;
en puntillas
sobre la piedra pulida
sujetándome al borde de las ramas,
abriendo puertecitas en el aire,
desdoblando pañuelos de viento
para enjugar un poco
ese sudor terrible por detrás de mi frente.
desde un punto cualquiera de luz indefinida
que yo llamo luciérnaga,
cucubano tiernamente voraz y que perfora
la sombra que me habita.
desde el agua ventana
desenganchando estrellas
para ver si me acomodo algunas
en los ojos.
en puntillas
a ver si alcanzo
una canción de pájaro colgando por el aire
para prestarle mi garganta.
desde la sombra perforada,
desde la humedad sonora de las lágrimas secas
desde el balbuceo diáfano
y desde la que soy cuando tú sabes:
te miro.

from the luminous region,
from the water window where i peek
into the inner world;[42]
on tiptoes
from atop the polished rock
holding onto to the branched-filled bank,[43]
to the border of branches,
opening mini doors in the air,
unfolding windkerchiefs
to absorb some
of that terrible sweat behind my forehead.
from whichever point of undefined light,
which i call firefly,
tenderly voracious cucubano, and which perforates
the shadow inhabiting me.
from the water window
taking down stars
to see if i can arrange some
within my eyes.
on tiptoes
to see if i can reach
a birdsong hanging about the air
so as to lend it my throat.
from the perforated shadow,
from the sonorous humidity of dry tears
from the diaphanous babble
and from who i am when you know:
i look at you.

aproximadamente
      hace cuarenta millones de años sombra
tu estrella devoró mis caracoles.
tuve que criar agua bajo fuego
para volver a ser aquello mismo;
dejando aparte el manantial herido,
esa estrella voraz
también fue estrella.

approximately
forty million shadow years ago
your star devoured my seashells.
i had to raise the water under fire[44]
in order to rebecome the same;
leaving aside the wounded wellspring,
that star that was voracious
was likewise star.

qué trascendencia,
qué ruido de agua leve
me sumerge el recuerdo silbante de tu origen?
aquella luz tan húmeda
que me alumbró los huesos más recónditos;
aquel aire dolido de risa y desconcierto
evocándome ágil
y como quien no quiere
el ave adolorida dormida por mi mano.
¡qué tartamuda y alta de amor
me sorprendiste!
angustiada de pájaros para poder decirte
de mis ojos recientes y poblados
de mi sombra raída por tu paso.
cómo reciennacían recodos imprevistos
con florecitas tibias, con agujas.
mientras tanto,
tu voz como un asombro de salitre
desgastando mi nombre distinto y empolvado,
designando de prisa
mi santo y seña futuro y milenario.
la canción esperada de células y soles;
de palabra encontrada.
los destellos de sombra
tramitando su paso inesperado.
la soledad profunda y agredida
sacudiéndose el musgo, retirándose,
volviendo hasta la orilla, reteniendo
las piedrecitas duras, levantándose
temblante y transparente
tropezando con hoyos como abismos,
corriendo alrededor,
besando la alegría,
regañando mi entrega,
definiendo su impulso y su extensión confusa

What transcendence,
what noise of gentle water
submerges me in the sibilant memory of your origin?
that light so humid
that it lit up my most recondite bones;
that air hurt by laughter and disconcert,
evoking me agile,
like someone who doesn't want
the hurt bird put to sleep by my hand.
how stammering and love high[45]
you caught me!
distressed of birds so I could tell you
of my recent and populated eyes
of my shadow frayed by your course.
how unforeseen corners were newly being born
with lukewarm infant blooms, with needles.
meanwhile,
your voice like a saltpeter wonder
wearing down my distinct and granular name,
designating in a rush
my future and millenary watchword,
my santo y seña,[46]
the awaited song of cells and suns;
of the found word.
the shadow's flashes
processing its unexpected passage.
the profound and assaulted solitude
shaking off the moss, retreating,
going back to the shore, retaining
the hard pebbles, getting up
trembling and transparent
tripping on holes like abysses,
running around,
kissing joy,
scolding my complete surrender,

acercándose más hacia tu estancia
honda y definitiva.
mientras tanto tu voz,
como si siempre me hubieran conocido tus palabras.
había un manantial sonoro murmurando
mi destino de sangre rumorosa;
un filito brillante, un grito austero
una torre,
un navío ensangrentado,
una sombra de luz,
una paloma,
y ojos al unísono
enamorados de los vegetales.
un relámpago duro y asombrado
se detuvo en el aire estremecido
ya entonces,
y un poquito después del horizonte desdoblado
descubríamos árboles,
palabras,
los silencios delgados y espumosos,
el rumor inaudible
de tantos lagartijos infinitos,
la sal de las heridas,
las heridas,
las dulces ataduras con la yerba;
y salían al paso
montañas transparentes
edificios de espuma, soles negros.
entonces,
sin saber desde cuándo se fraguaba,
aquella mariposa de piedra:
perseguidora estática de lugares redondos,
de luces primitivas
y de sonrisas claras al acecho.

defining its impulse and its confused expanse
coming closer to your residence,
deep and definitive.
meanwhile your voice,
as if your words had always known me.
there was a sonorous spring murmuring
my destiny of whispering blood;
a bright switchblade, an austere scream
a tower,
a bloody ship,
a shadow made of light,
a dove,
and eyes in unison
in love with vegetables.
a hard and astonished lighting bolt
froze in the air shaken
already,
and a little ways beyond the unfolded horizon
we discovered trees,
words,
foamy and thin silences,
the inaudible mutter
of so many infinite lizards,
the salt of the wounds,
the wounds,
the sweet tethers to the grass;
and into the light,
in order to clarify, stepped[47]
transparent mountains
spume buildings, black suns.
then,
without knowing since when
that stone butterfly was being forged:
static seeker of rounded places,
of primitive lights
and of clear prowling smiles.

se reunieron las bocas invadidas,
las avideces tenues de las manos;
y todo aquello era
como un bullicio oscuro y repoblado
alternando distancias,
y presagios de nube endurecida,
y canciones pulidas, y perfumes.
lagarto,
mi lagarto terrible y amoroso:
qué abeja sigilosa
elaboró la miel equivocada,
qué pregunta sujeta de la pierna de un pozo
detuvo margaritas.
el sol desaliñado,
el agua herida que me nombra la lágrima
me sumerge entre todas las sombras de la historia;
cómo recuperarme de mi ausencia
fuera del territorio de tu labio,
de tu cerco de fuego elemental,
de tu murmullo sólido de círculo seguro,
del ruido de tu agua,
de tu agua.

invaded mouths gathered,
hands' dim avidities;
and all of that was
like a dark and repopulated bustle
alternating distances,
and presages of hardened cloud
and polished songs, and perfumes.
lizard,
my terrible and loving lizard:
which secretive bee
crafted the wrong honey,
which question tied to a well leg
halted daisies.
the scruffy sun,
the wounded water that names my tear
submerges me among all the shadows of history;
how do i recover from my absence
outside the territory of your lip,
your enclosure of elemental fire,
your solid murmur of safe circle,
the noise your water makes,
your water.

fechas para
esta región

 1 1972,
 2 1974 (rev. 1976),
 3 1970,
 4 1973,
 5 1970,
 6 preñada y en 1969,
 7 1971,
 8 1973,
 9 1965 (rev. 1975),
10 1973,
11 1975 y
12 1968.

dates for
this region

 1 1972,
 2 1974 (rev. 1976),
 3 1970,
 4 1973,
 5 1970,
 6 pregnant and in 1969,
 7 1971,
 8 1973,
 9 1965 (rev. 1975),
10 1973,
11 1975 and
12 1968.

TERCERA
REGIÓN

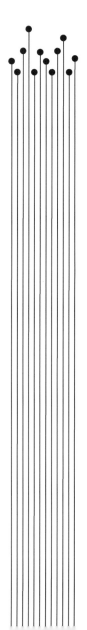

la cólera correcta

THIRD
REGION

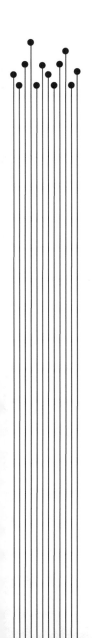

the right rage

"alternando cuchillos y palomas"

"alternating knives and doves"

pensando en esta isla
que tanto nos duele

hermanos,
hace tiempo que una paloma triste
nos deletrea la guerra contra el árbol;
hace muchos caminos y uno solo
que la canción oscura y temerosa
nos detiene la lluvia en la garganta:
y tanta mano triste
nos da risa, o nos regula el llanto,
o nos hace llorar desordenadamente;
y tropezamos
con pájaros viejísimos,
con espejos gastados con la prisa.
sobre cada crepúsculo escribimos
la historia que no ha sido,
el mar nos recomienda
siempre implacable y siempre
el dolor de la estrella vivida en la penumbra,
sobre cada crepúsculo,
sobre cada camino de esta tierra
que nunca comprendemos y esperamos,
bifurcamos sonrisas,
mutilamos
la misma luna que nos dicta el sueño,
los signos en la noche que declaran
el camino de agua del mar
oloroso y profundo
espantando el espanto cotidiano
de la cárcel de historia.
hermanos,
qué caravana oscura y sigilosa

thinking of this island
that hurts so bad

brothers and sisters,[48]
for a while now a sad dove
has spelled out war against the tree;[49]
for many paths now and only one
the dark and fearful song
has dammed the rain in our throats:
and so many sad hands
give us laughter, or regulate our tears,
or make us cry chaotically;
and we stumble
on very old birds,
on mirrors worn by haste.
on each twilight we write
the history that never was,
the sea recommends us
always implacable and always
the pain of that star lived in umbra,[50]
on each twilight,
upon each path on this earth
that we never understand and expect,
we bifurcate smiles,
we mutilate
the same moon that dictates the dream,
the nocturnal signs declaring
the sea's water path[51]
fragrant and deep
horrifying away the daily horror
of history's prison.
brothers and sisters,
what dark and sly caravan

de lagartos legítimos
nos anuncia los días de insectos abundantes
cuando el sol
y el horizonte largo que todos conocemos
y el edificio claro
y el olor de sonrisas redondas
se nos pongan de acuerdo.

of legitimate lizards
announces the days of teeming insects
when the sun
and the long horizon we all know
and the clear building
and the scent of rounded smiles
will all suddenly agree.

el largo día del hambre

un día terremoto
un día ausencia
un día de cuchara enmohecida
un gran payaso triste volteando su tristeza
en un sartén inmenso
pero no interminable.
hace muchos minutos
acumulados en todos los rincones
que este gran día hueso,
día pelambre, hueco silenciado,
día palabra hinchada y abolida,
día humano y tristísimo
que a pesar de la yerba y del amor flagrante
transita risa y seco
flaco como el final del hambre alimentada.
hace muchos minutos
—ignorados
por la continuidad del agua y la candela
acumulados
como hormigas remotas en axilas jadeantes
anclados en la frente de la arruga—
que los panes alegres se entristecen
con las manos ganadas con su sudor de tierra.
este gran día siempre,
acorralante acorralado
con su final marcado con un nunca futuro
cuando todas las muelas al fin serán usadas;
marcado en su trayecto de caracol voraz
por la paloma acuchillada
y el tigre acuchillado

hunger's long day

an earthquake day
an absence day
a rusty spoon day
a great sad clown flipping his sadness
on an immense
but not interminable skillet.
it's been many minutes
gathered in all the corners
of this great bone day,
furry, silenced hollow day
swollen and abolished word day,
human and supersad day
that despite the grass and flagrant love
crosses laughter and dryness
thin like nourished hunger's final form.
it's been many minutes
—ignored
by the continuity of water and candela
accumulated[52]
like remote ants in panting armpits
anchored in the wrinkle's forehead—
since the happy breads are saddened by
hands earned with their sweat of earth.[53]
this always grand day,
the corralling corralled,
its end labelled with a never future, a future never
when all the molars will be finally put to use;
a day marked on its path of voracious shell
by the knifed dove
and the knifed tiger

y el hombre y la paloma
y la tierra y el pan acuchillados;
para un final redondo y expandido
para un día palabra con flores en las tildes

día sudor distinto y corregido,
cuchara reluciente,
ala correcta y tierra repasada.

and the man and the dove
and the earth and the bread knifed;
for an expanded and well-rounded ending
for a word day with flowers on its accent marks,

a day of different and corrected sweat,
of shiny spoon,
of fitting wing, and of earth revised.⁵⁴

Cuando todas las equivocaciones te gritan:
no has llegado,
que el viaje no termina,
¡qué sed inagotable te designa la audacia!
y cómo comprender los agujeros
que habitan implacables detrás de los carteles,
de anuncios cotidianos,
de cajetillas duras,
y es claro, que el hambre no es tan simple
como parece ser,
que es algo más que hormigas en el vientre
y está modificada con luces de colores.
la cuchara más próxima, tranquila
y como si tal cosa
te susurra milenios de historia y prehistoria,
la soledad campante por todas las esquinas
se acompaña y se ríe de sus invocadores
y te dice:
"habitante
¿por qué no exorcizamos con ojos y con bocas
con el pecho,
con sangre colectiva,
con el colectivísimo salto hacia lo imposible
individual y claro?"
la paz está a la vuelta
de una esquina lejana y predecible,
y el ruido te silencia la canción más cercana
y la canción cercana que expande tu garganta
con chirridos y luces,
te asalta los costados
y viendo con las manos,
tocando con los ojos
te entregas a la audacia
de ser tranquilamente un caminante
que alternando cuchillos y palomas
fabrica un instrumento nacido para el fuego.

When all the blunders scream:
   you haven't arrived,
the trip isn't over,
what inexhaustible thirst denotes your audacity!
and how to understand the sinkholes
that implacably dwell behind posters,
behind daily billboards,
behind hardened cigarette packs,
and it's plain, that hunger isn't as simple[55]
as it seems,
that it's something more than just belly ants
and is modified by colored lights.
the nearest spoon, calm
and unfazed
whispers millenniums of history and prehistory,
the confident solitude on every corner
accompanies itself and laughs at its summoners
and tells you:
"inhabitant,
why don't we exorcise with eyes and with mouths
with the chest,
with collective blood,
with the ultracollective leap toward what's impossible
individual and clear?"
peace is around
the distant and predictable corner,
and noise silences your closest song
and the approaching song that expands your throat
with chirps and lights,
assaults your ribcage
and seeing with your hands,
touching with your eyes
you surrender to the audacity
of being a leisurely traveler
who alternating knives and doves
fashions an instrument born for fire.

Cuando se ponen juntas
todas las pocas cosas que se saben
yo sé
que somos animales
que detestamos apasionadamente la soledad,
que para construirnos tenemos que juntarnos
y que tenemos manos que transforman los árboles,
las frutas,
los otros animales, las montañas, el agua,
un cerebro que acuña la historia milenaria
para ponerla al frente de los ojos de un niño
(pichón de gente,
cachorrito pensante que transforma
en montaña la arena,
en río caudaloso algún chorrito de agua,
en mariposa o pájaro la mano temblorosa).
yo también sé
que buscamos caminos
para poder juntarnos
como en el antes remoto que intuimos
donde nos construíamos sin soledad,
sin enturbiar los ojos de los niños
transformándolo todo para todos.
yo también sé
que a golpe y a porrazo
pero que no de golpe y porrazo
quitamos la maleza
para hacer el camino que queremos,
tan simple
como trabajar juntos sin que haya
un dueño del trabajo
que se alimente de toda la miseria;
como cambiarlo todo con las manos
para que quede libre su caricia
para poder amar mirándonos los ojos
sin tener que por fuerza preguntarnos

When they come together,[56]
all of those few things we know for sure
i know
that we are animals
that we passionately detest solitude,
that to build ourselves we must join forces
and that we have hands that transform trees,
fruits,
other animals, mountains, water,
a brain that coins millennial history
to place it before a child's eyes
(a squab-sized group of people,
a thinking puppy that transforms
sand into mountains,
some trickle of water into a rushing river,
a trembling hand into bird or butterfly).
i also know
that we seek paths
where we can come together
like we do in that remote beforeness we intuit
where we built ourselves without solitude,
without muddying childrens' eyes
transforming it all for all.
i also know
that through bashings and blows
but not with blow's abruptness
we get rid of the brush
to make the path we want,
as simple
as working together without
an owner of our labor
that feeds on all of our misery;
as changing everything with our hands
to free up their caress
so that we may love gazingly
without being forced to ask ourselves

¿qué nos quitará este?
¿qué comemos mañana?
y entonces ya sabremos
y nos quedará tiempo
para poder saber todas las cosas
que aún desconocemos.

what will this one steal?
what will we eat tomorrow?
and then we'll already know
and we'll have time enough
to know all the things
we still ignore.

aliadas del dolor todas las cosas
columpiándose secas y profundas
con su carga de historia.
la humanidad latiendo detrás de las cucharas,
los lápices tranquilos denunciando su origen
de cuchillito duro por los troncos,
de carbón, de palito rasgando por la arena antiquísima
en balbuceos tímidos de soles y lagartos,
de flores, de cascadas, de animalitos tenues,
de fieras enemigas y hermanas de la sombra,
de montañas, de ríos,
de caras misteriosas como ruidos de noche
de culebra silente, de lunas, de palomas,
de poema invencible lanzado hasta mi oído
que inútilmente trata de oírlo como entonces.
¿dónde andará la mano
que dirigió su vida, su muerte hacia mi encuentro?
los vasos, los papeles, los libros con su estante,
las miradas de odio y amor, los anaqueles,
los árboles tumbados de cara contra el polvo,
las monedas redondas con su engaño
de haber estado siempre entre las manos,
y las manos
soñándose en la noche
forjadoras de luz.
la soledad, la luna sempiterna,
el polvo acumulado en los zapatos
acumulan el tiempo de golpe ante mis ojos.

allied with pain are all the things
swinging themselves dry and deep
burdened with history.[57]
humanity beating behind spoons,
calm pencils denouncing their origin
as a switchblade hardened by tree trunks,
as coal, as a twig scraping across ultra-ancient sand
in the timid babbling of suns and lizards,
as flowers, as waterfalls, as faint critters,
as the fierce enemies and sisters of shadow,[58]
as mountains, as rivers,
as mysterious faces like nightly noises
as silent snake, as moons, as doves,
as an invincible poem launched at my ear,
which vainly tries to hear it like before.[59]
where might i find the hand
that directed its life, its death to my encounter?
cups, papers, books with their stand,
looks of hatred and love, shelves,
trees knocked face down in the dust,
round coins with their forgery
of having always been held by hands,
and, at night, the hands
dreaming themselves
as forgers of light.
solitude, the everlasting moon,
the dust that gathers on shoes
suddenly pile up time before my eyes.

2

temblando como un beso detenido en el aire
me entrego a la visión descomunal y triste
del vínculo perdido;
al deseo temible y necesario
de encontrarse otros ojos, y otras bocas,
otras frentes con llama,
otros pies, otros brazos y pechos inminentes,
otro silencio florecido,
otro tú y otro yo multiplicado:
invitarlo a cazar al enemigo
de mil ojos y bocas
con su estruendo inaudible de máquina continua;
a la esperanza húmeda y redonda
de amapolas y espadas en acuerdo
de golpear la muralla de palabra sin voz,
de descubrir la cólera correcta
sin bordes que te hieran el sueño alimentado,
ni el amor comprimido,
ni el agua que te alumbra
ni la candela transparente y precisa
que te anega los ojos.

2

trembling like a kiss caught midair
i surrender to the colossal and sad vision
of the lost link;
to the fearsome and necessary desire
to discover other eyes, and other mouths,
other foreheads that flame,
other feet, other arms and imminent chests,
another blossomed silence,
another you and another me multiplied:
we'll invite it to hunt the enemy
of a thousand eyes and mouths
with its inaudible din of relentless machine;
i give in to the humid and round hope
of poppies and swords in agreement
of beating the voiceless wordwall,
of finding the right rage
without edges that wound your well-fed dream,
without compressed love,
without the water of your inner glow
without the transparent and precise candle
that floods your eyes.

3

aliadas de la luz todas las cosas
quisieran dar un salto hacia mis manos,
hacia mi piel,
hacia mi claridad
que las nombra de nuevo como un rito
cruzando mi garganta como un puente final,
definitivo
que llega por el tiempo hasta mi boca;
y mi silencio tartamudo dice:
flores, río, cascada, luz, lagarto,
papel, paloma, luna, sombra y agua,
vaso, lápiz, cucharas y peces de colores,
calle, yerba, edificio, sol, mar, nube,
piedra, vino, misterio, niño, árbol,
isla, lluvia, silencio.
y también dice guerra, ruido, hambre,
amor, amante, balas,
amigo,
compañero.

3

allied with light all things
would like to leap into my hands,
onto my skin,
toward my brightness
which names them once more as in a rite
crossing my throat like a final,
definitive bridge,
travelling across time to reach my mouth;
and my stammering silence declares:
flowers, river, waterfall, light, lizard,
paper, dove, moon, shadow and water,
cup, pencil, spoons and colored fishes,
street, grass, building, sun, sea, cloud,
stone, wine, mystery, child, tree,
island, rain, silence.
and also says war, noise, hunger,
love, lover, bullets,
friend,
compañero.

fechas para
esta región

1 1968,
2 1970,
3 1970,
4 1972 (rev. 1976) y
5 1970 (rev. 1976).

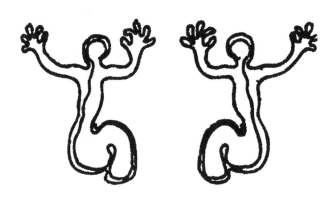

dates for
this region

1 1968,
2 1970,
3 1970,
4 1972 (rev. 1976) y
5 1970 (rev. 1976).

CUARTA
REGIÓN

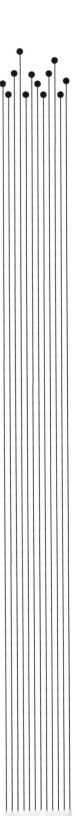

estemon
tónde
cosas

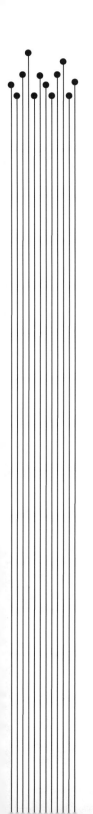

FOURTH
REGION

thishea
pof
things

apresuradamente
se buscan cosas hondas y se le miran
las comisuras a la muerte.
apresuradamente
se camina en silencio entre paredes
sin ver sus materiales,
se camina con ruido por dentro del silencio
sin detenerse a oír sus voces húmedas.
con muchísima prisa se desvive
y se desvive uno por vivir,
por triturar la ausencia de las cosas que existen
sin tocar nuestros ojos,
por encontrar canales de luz entre la sombra,
por tropezar con sombras en la calle
ganándose la vida con la muerte.
con tanta prisa
se amontonan palabras sobre huecos,
y se abren huecos sobre las palabras.
se seca uno el sudor:
de pronto descubres con asombro
que hay un zapato viejo en una calle,
tuvo su pie;
una muñeca rota sin su niña
que te mira desde aquel zafacón
sin ajoro ninguno
porque murió su muerte imaginaria,
y más murió la gente construyéndola
(quién sabe de la niña.)
esa sombra de al lado
puede que tenga una mirada dulce
o hueca
y hasta ojos,
y quizás te ame un poco
o te odie sin saberlo
desde la impuesta lejanía de unos pocos metros,

frantically
    deep things are sought and the commissures[60]
of death are examined.
frantically
one walks in silence between walls
without seeing their raw materials,[61]
one walks within silence making noise
without stopping to hear its humid voices.
one kills oneself with such haste
and is dying to live,[62]
to shred the absence of things existing
without touching our eyes,
to find light canals buried in shadow,
to trip on shadows in the street
earning a living hustling death.
with so much haste
words heap together over hollows,
and the hollows open over words.
drying one's sweat:
astonished, one suddenly discovers
there is an old shoe in a street,
it had its foot;
a broken doll without her girl
that stares at you from that trashcan
without a hint of haste
because it died its imaginary death,
and people died even more to make it
(who knows what happened to the girl.)
that next door shadow
might have a sweet or hollow
gaze,
and even eyes,
and maybe it loves you some
or hates you unawares
from the imposed distance of a few meters,

pieles intactas, sin estrenar, vehículo
cambiado por barrera.
miras aquella esquina:
una cuchara hermosa te sorprende.
otro objeto cualquiera
desprendido de su espacio en el aire
se instala en tu existencia recordándote
que un compañero humano lo hizo.
a veces,
una moneda incomprensible te sirve para algo.
alguien te tira palabras en la frente
con una cerbatana poderosa
con un taladro duro;
o desliza palabras en tu oído
mirándote de frente por detrás de los ojos,
es bueno verse el dorso de los ojos
en algún ojo ajeno aunque haya paja.
ya tal vez más despacio
le ves las comisuras a la muerte con el rabo del ojo;
aquella flor
parece conocida porque te dice cosas
te fijas en que hay tierra,
cosas bajo tus pies
además del progreso que se vive;
y te inventas un baile
para dar ese salto tenebroso hacia la luz,
hacia la risa y hacia la dolencia
para abolir las muertes cotidianas
para mirar la vida frente a frente
aunque tal vez le veas
solamente perfil en horizonte.
de golpe
entras en el amor
(tal vez apresuradamente)
te sorprendes amando muchas cosas

skins intact, never worn, a vehicle
exchanged for a barrier.
you stare into that corner:
surprised by a beautiful spoon.
another random object
dislodged from its space in the air
installs itself in your existence, a reminder
that a human compañero made it.
sometimes,
an incomprehensible coin is good for something.
someone throws words at your forehead
with a powerful blowgun
with a hard drill;
or slips words in your ear
facing you from behind your eyes,
it's good to see the back of your own eyes
in another's eye even if it has a mote.[63]
and perhaps now at greater length
you see death's commissures from the corner of your eye;
that flower
looks familiar because it tells you things
you notice there is soil,
things under your feet
besides the progress you make
and you invent a dance
to leap tenebrously towards light,
toward laughter and toward what ails
to abolish the daily deaths
to stare life in the face
even if sometimes you only catch
its profile on the horizon.
abruptly
you enter love
(perhaps too frantically)
you surprise yourself by loving many things

con una prisa diferente,
descubriendo canales de sombra entre la luz;
la soledad ajena, la de todos,
el hambre de compartir el tiempo de otro modo,
el hambre de saber,
el hambre hambre.
y cuando lentamente ves que miras,
la lágrima es más diáfana
la sonrisa se hace más certera;
se confunde uno menos o más
y más o menos
se funde con la audacia
tal vez el miedo atroz que da desconocer lo conocido,
conocer
que desconoces todo para siempre,
saber que sabes saber lo suficiente
para temblar de amor
para inventar palabras que desafían a la sombra
para mirar de cerca la mirada
la piel, los intestinos, la angustia, la alegría
del de enfrente.
¡con cuánta prisa se desvive!
cuánto cuesta
caminar muy de prisa lentamente.

with a different haste,
discovering shadow canals amongst the light;
the strangers' solitude, belonging to all,
the hunger for sharing time in a fresh way,
the hunger for knowledge,
the hunger hunger.
and when you slowly notice you're looking,
the tear is more diaphanous
the smile is more unerring;
one is less or more confused
and more or less
is fused with audacity
perhaps the atrocious fear of not knowing the unknown,
knowing
that the whole remains unknown forever,
knowing that you know how to know enough
to tremble with love
to invent words that defy shadows
to stare at length at the stare
the skin, the intestines, the anguish, the joy
of he who sits opposite.
how frantically we kill ourselves!
how costly it becomes
to walk unhurriedly with haste.

Será la rosa?
¿será el trámite
de la sombra debajo de los pétalos?
¿será la rosa
o será la espinísima ferocidad de a diario?
¿será la rosa,
será tal vez el pétalo desnudo y transitorio?
¿será la rosa
con su gota de siempre en la mañana,
o será que una lágrima se encarga
de refrescar las flores ilusorias,
o será que una gota de polvo
descansa en la mañana de un sol desaliñado
sobre una hoja imaginaria,
sobre una yerba
imaginariamente reptando por el polvo?
¿será que uno no entiende
que a esos hoyitos cogidos en la calle
de camino a la escuela
podría tal vez darles con ponerse de acuerdo
para inventarse jugar a ser abismos?
será que uno no entiende
que deshojarse a diario
no impide echar raíces,
ni detiene el imperio constante de la tierra,
ni el temblor de ser pájaro
tragando a bocanadas el aire por las alas.
será que uno no sabe
o que uno está seguro
de que el agua son flores diluidas;
¿será el tremendo recuerdo de la flor en el aire
como agua detenida?
¿será la rosa

Could it be the rose?
could it be the shadow's
processing under petals?
could it be the rose
or could it be the thorniest ferocity of daily basis?
could it be the rose
or could it be the petal, transitory and naked?
could it be the rose
each morning with its forever-drop,[64]
or could it be that a tear takes care
to freshen up illusory flowers,
or could it be that a drop of dust
rests in the early hours of a disheveled sun
on an imaginary leaf,
on some grass
imaginarily slithering through the dust.
could it be that one doesn't understand
that these dips we hit in the road
on the way to school
could maybe agree
to play at being chasms?
could it be because one doesn't understand
that shedding leaves daily
doesn't deter one from growing roots,
nor halt the constant empire of the earth,
nor the quiver of being a bird
swallowing mouthfuls of air through its wings.
could it be that one doesn't know
or that one is sure
that the water are diluted flowers;
could it be the tremendous memory of that flower in the air
like water seized?
could it be the rose

olida y sorprendida por los ojos,
brutalmente fugaz;
tocante tocadora
tocada para siempre su armonía
por el recuerdo musgo de su historia
por el recuerdo feroz y demarcado
de su huella difusa y siempreviva;
por el recuerdo punzante y afilado detrás de cada espina
de cada esquina,
de cada ruina diluida en distancia y asombro?
será la rosa dura en pie de lucha,
será seguir hablando palomas,
diciendo caracoles,
haciendo verbos simples para mover los nombres,
como decir: la luna está en cuarto creciente
y uno en cuarto menguante;
y ayer, o en estos días por la calle
me encontré aquel tornillo viejo y largo
que parecía un quijote moderno y milenario.
¿será la hospitalaria región desconocida
que nos recibe con sábanas dobladas,
una sonrisa, un fuego elemental
alimentando el agua que alimenta,
que pone alfombras viejas para los pies recientes
de espinas y caminos?
¿será la rosa,
será el concreto armado,
será la tierra oliendo a simple lluvia,
será la garra
o el hueco de la mano,
la sombra devorando la luz que no termina,
el destello total
inaccesiblemente amenazado?
será que hay muchas noches con sus días en orden

scented and surprised through the eyes,
brutally fleeting;
touching toucher
its harmony touched forever
by the moss memory of its history
by the ferocious and demarcated memory
of its diffuse and everlasting[65] footprint;
by the sharp and barbed memory behind each thorn
each corner
each ruin diluted in distance and wonder?[66]
could it be the hard rose, its unwavering spirit,
could it be the relentless task of speaking in doves,
saying seashells,
making simple verbs to quicken names,
like saying: it is the first quarter moon;
meanwhile, you're in the waning quarter
and yesterday, or these days in the street
i found that old and long screw
that looked like a modern and millenary quijote.
could it be the hospitable, unknown region
that welcomes us with folded sheets,
a smile, an elemental fire
feeding the water that feeds,
that places old rugs under soles
recent after thorns and paths?[67]
could it be the rose,
could it be the reinforced concrete,
could it be the earth smelling of simple rain,
could it be the hook
or hollow in the hand,
the shadows devouring endless light,
the total flash
inaccessibly threatened?
could it be that there are many nights with their days in order

recordando eficaces cómo andamos
alternando los pies,
y con las manos
y hasta con la cabeza
si es que nos cerca de lejos el peligro,
si es que nos enamoran la distancia y la sombra,
flores en transiciones y aguas turbias;
si se nos aglomeran las espinas
para formar la lanza inacabable
que violente los pájaros,
que amenace los ojos que se nutren
de los animalitos;
o tropiece con todas las canciones
que tiemblan en el aire,
será, me digo yo,
que se nos acumulan en uno de esos días,
o en varios de esos días,
o un poquito tal vez todos los días,
el susto y el asombro de encontrarnos
con tanta cosa junta,
con tantísima cosa
que uno dice en un grito y una lágrima
que habita entre los huesos:
¿será la rosa?
será que uno no entiende,
serán esos hoyitos de que hablábamos,
será la tierra oliendo
la garra, o el meñique, o el hueco de la mano,
el destello total, el agua fuego,
este montón de cosas, todo esto.

remembering efficiently how we walked
alternating our feet,
and on our hands
and even with our head
if peril perhaps fences us in from afar,
if perhaps distance and shadow charm our hearts,
flowers in transitions and turbid waters;
if our thorns agglomerate on us
to form the continual lance
which might pierce birds,
or threaten eyes that feed off
slight animals;
or might trip on all the songs
that tremble in the air,
could it be, i say to myself,
that they pile up on us one of those days,
or on several of those days,
or a little perhaps each day,
the fear and the wonder of finding ourselves
with so much stuff together,
such overmuch stuff
that one says from a scream and a tear
that lives between bones:
could it be the rose?
could it be that one doesn't understand,
could it be these holies we discussed,
could it be the earth sniffing
the hook, or the pinky, or the hand's hollow
the full spark, the water fire,
this heap of things, all of this.

fechas para
esta región

1 1972 (rev. 1975) y
2 1974 (rev. 1976).

dates for
this region

1 1972 (rev. 1975) and
2 1974 (rev. 1976).

EPÍLOGO

EPILOGUE

"las voces generales, al acecho"

"the general voices, prowling"

Endnotes

epigraph, selfdedication, and dedication

1 Although the translation would seem to be "the light," in Spanish the verses read as "para entender la luz / a veces más oscura que la sombra," with the suppression of "que es," which would translate as "that light / at times darker than shadow."

2 Instead of the colloquial "apodo," or "nickname," Dávila uses the more formal "sobrenombre" or "sobriquet."

3 The synalepha here creates a homophone. Thus, "la amorosa," which I translate as "the loving one," can also be read as "la morosa," she who is delayed or slow.

4 "Terrícola" can mean both "one who comes from the earth" and "one who belongs to or is of Earth."

5 I have left "americana" in Spanish, because "American" will too easily be read by English speakers to mean U.S. American and not "of the Americas."

6 I could have just as easily left "antillana" in Spanish as well.

first region

7 "Cáscara" can also be a "shell" or "husk." Because of the image of a hand or mouth trying to open a fruit, I chose "rind."

8 "Ojazo" is a superlative indicative of both literal and figurative size. I decided to translate it to ensure some of the doubling came through but could have just as easily left it in Spanish.

9 The subject is ambiguous. It could be "duende jueyero" or "cangrejos oscuros."

10 A colloquial expression equivalent to "let's see."

11 "Olvido" can be "oblivion," and "forgetting," the totalizing process of loss, the abyss of memory. I translate it in a variety of manners, depending on the poem, verse, and context.

12 Since "agujero" can be associated with the word "agujerear," I have chosen "perforations."

13 Since "ere" is playing with both the letter and the sound of the letter, I play with the "r" in English by extending its sound.

14 "Revolviéndose" has an onomatopoeic quality and later echoes in "revolcándose."

15 The image implies that the words are clinging to or decorating the scream.

16 "Gestar" means both to "gestate" and to "make moves" so that something will come about (a job, a deal, a bureaucratic procedure, etc.).

17 "Historia" means both story and history. "Small" indicates further that it can be read both ways.

18 The correct translation to "vemos" here would appear to be "see each other," however, she is using the colloquial "meet" or "find" each other. Example, "nos vemos mañana a las diez" would be "we are meeting tomorrow at ten."

19 Here I am keeping "cabecita" and "cabezota" to honor the specificity of the play on the diminutive and superlative in these verses. My translation of the diminutives and superlatives throughout is case specific and corresponds to rhythm, signification, and sound in English.

20 "Globo" can be "globe" or "balloon." I chose globe because the suggestion of balloon felt too subtle.

second region

21 "Distinguish" is being used ambiguously. It can mean "tell apart" or "to make out." Given the previous reference to "not knowing," I believe the ambiguity is intentional.

22 This verse can be read in more than one way, as a separate image from that in the previous verse or as a continuation. The first would read as, "y cuando la tiniebla se ha poblado de sonidos clarísimos y [cuando] una imagen oscura en la cabeza," in which case "oscura" is a verb. The second would be "y cuando la tiniebla se ha poblado de sonidos clarísimos y [de] una imagen oscura en la cabeza," in which "oscura" is an adjective. I chose the former because the syntax of the image would be quite convoluted in the second, making it seem that both "tiniebla" and "cabeza" are the subjects. However, I feel it is important to note the polysemy.

23 "Compaña" is an archaic word, and implies companionship, family, and comradeship. I have kept the word in Spanish.

24 "Semillosa" could be "full of seeds" or, more figuratively, "full of seminal words." Since Dávila follows with "lengua fundadora," I choose "kernelled," which points to something being central and not just foundational, thus avoiding repetition and translating some of the playfulness of "semillosa."

25 "De montaña" could signify the tears of someone who is of the mountain, tears the size of a mountain, or the mountain's tears.

26 Since the diminutive and augmentative are so central to this poem, I have, in some cases, kept the word in Spanish, followed by my translation.

27 Matthew 7:1-6, Luke 6:37-42: From the Greek *kárphos*, which has been translated as "speck," "splinter" or "straw." In most interpretations there is a play on part and whole, so I have chosen to play on "splinter" and "plank," which also harkens to the popular Puerto Rican expression, "De tal palo, tal astilla," or "Like father (tree), like son (splinter)."

28 "Carteles" implies a visual metaphor. "Miniatures" in English has a slightly different meaning and lineage than "miniaturas" in Spanish, which would be specifically "portrait miniatures."

29 "Acudir" is to show up to a commitment, to show up. The richness and subtlety of the term is lost a bit in translation.

30 I have used inversion here to avoid repeating "name" at the end of the verse.

31 It is unclear if the poem refers to a crystal stone, a glass cup, or a glass shard, since, in Puerto Rico, "cristal" is also "glass." I chose the translation that seemed most fitting for the poem.

32 There are a few ways I could have translated "sin pararse," but I wanted to sustain the alliteration and assonance in "en silencio y sin pararse."

33 In Spanish the subject is clear, but in English I have added "i take" for clarity. Otherwise, it will read like "what steps […] i'd like to open for you."

34 I have added a comma for clarity. Otherwise, it reads as "you don't know to live [you must face] your sweetness."

35 "A golpe limpio" echoes "a puño limpio," which refers to acting with one's bare hands and against stacked odds. I've integrated "bare hands" and "clean blows" as "waves' bare blows" so the metaphor isn't lost in the figurative playfulness.

36 "Desvivirse" means to give it all, but also has the implication of killing oneself in the process, in the literal meaning of "unaliving."

37 It is unclear what kind of "saltar" is taking place, or whether it is skipping, leaping, prancing, or jumping.

38 Given the use of the singular "duende" and the proliferation of Federico García Lorca's "Teoría y juego del duende," especially among poets of Dávila's generation, I am convinced she is not referring to elves, but to the concept of "duende," and have left the word untranslated.

39 This can be read as "la soledad exacta y diluida [,] en voy y vengo[,] sonreía aupada" or "la soledad exacta [pause] y diluida en voy y vengo [,] sonreía aupada." "Solitude exact [exact solitude], and diluted in coming and going, smiled hoisted" or "solitude [,] exact and diluted [,] in coming and going [,] smiled hoisted."

40 "Giro" can be a spin, a twist, or a turn. Given the allusion to *Homenaje al ombligo* and her break with José María Lima, I have chosen "turning."

41 I have chosen "fogs" because the pronoun "le" indicates that "history" here is an object, like glasses or a window being fogged.

42 The "hacia" in "hacia adentro" implies an inwardness, not just a looking into. It resonates with "mirarse hacia adentro." Dávila often used resonances in colloquial expressions to twist the meaning of a verse to generate a second or third reading.

43 I added a verse to accommodate the second possible reading of "al borde de las ramas."

44 "Raise" here is used as is "bring up." I chose "raise" because "bring up" could be easily confused with introducing a subject, not to the raising of children. "Breed" is too loaded in English. By keeping the article, it is clearer the water is being personified.

45 Can be read as "alta [en términos] de amor, / tall [in terms] of love," "alta de [consumir] amor / high from [consuming] love," or "alta de [tener/recibir] amor / high from [having/receiving] love."

46 I felt it important to include the Spanish "santo y seña," both for its alliterative quality and for its popular use beyond its military origins.

47 "Salir al paso" has a literal and figurative meaning, "to step onto the trail" or "into the light" and "to clear up any rumor and set the record straight."

third region

48 Dávila is using the masculine "hermanos" as the default gender neutral, which would include "hermanas" or "sisters." Since there was no gender inclusive "hermanes" at the time, I have chosen "brothers and sisters."

49 I am using "spelled out war" like "declared war" since "deletrea la guerra" echoes "declara la guerra."

50 In the verses in Spanish, it is unclear if the sea is recommending "us" or recommending "pain" to "us," since "nos recomienda" could lead to either interpretation.

51 It can also be translated as "the seawater's path."

52 Since "candela" can mean both "candle" and "dar candela," which can be "to light a fire under someone's ass," to put pressure on someone or to raise the standard by excelling, I have kept the word in Spanish.

53 In order to avoid association with "salt of the earth," I have kept it as "sweat of earth," which is being used similarly to "piece of land" ("su canto de tierra") but can also be "earthsweat."

54 "Correcta" is being used here as "appropriate to the context."

55 I have retained Dávila's use of the comma for poetic effect.

56 "Se ponen juntas" can be that things come together or that they are placed together. I unfold both meanings in the first and second verse, while maintaining an attentiveness to rhythm.

57 Although the finite verb "are" is not included in the Spanish, its suppression in Spanish works in a manner that in English makes the verses clunky and confusing.

58 The meaning is ambiguous and the verse can also be translated: "as fierce enemies and as sisters of shadow [shadow sisters]."

59 This verse was tricky to translate since it could signify that the ear tried to listen to the poem with the same attentiveness as before or that it tried to hear the poem as the poem had been in the past (its previous form).

fourth region

60 This could also be "deep things seek each other."

61 In Spanish, "materiales" is being used as in the material something is made of or its raw material.

62 As I mentioned in endnote 36, "desvivir" is "falling over oneself" to do something passionately or giving all of oneself to the point of giving one's life, but also can be read as "unlive." Dávila plays with this, and I attempted to translate this playfulness.

63 Matt. 7:5 "Or how wilt thou say to thy brother, let me pull out the mote out of thine eye; and, behold, a beam is in thine own eye? Thou hypocrite, first cast out the beam out of thine own eye; and then shalt thou see clearly to cast out the mote out of thy brother's eye."

64 Dávila, once again, enfolds complexity within simplicity. "De siempre" colloquially means "the usual," a meaning I have kept with "each morning." However, "gota de siempre" or "forever-drop" is playing on the ephemeral quality of the drop, a contained instant within an eternity.

65 "Everlasting" is both the flower and the adjective.

66 I was unable to translate the rhyme between "esquina" and "ruina."

67 Since this use of "reciente de" is more common in Spanish than in English, I have moved the word "recent" down to the next verse, so that Dávila's usage is clearer.

---

* Note of the Editor: In the poem "con el recuerdo al hombro," "fuí" is accentuated in the original; in "ante tanta visión," line 4, "ví" is accentuated in the original; in the poem "cuando se ponen juntas," line 6, "construírnos" is accentuated in the original, as well as "intuímos" in line 20 of the same poem. These accents might have followed accentuation conventions of prior times, they might be mistakes in the original, or might have been intentional deviations from conventional accentuation practices. We have removed the diacritic marks in accordance with current accentuation conventions.

On Translating *animal fiero y tierno*

I inherited a copy of *animal fiero y tierno* from my mother. In my hands, the collection bloomed into river, lizard, moss, and mulch in a familiar yet unrecognizable forest, and seemed written for those of us who were left outside of poetry's often self-proclaimed greatness, but were instead embraced by poetry's diminutive anonymities. Published by queAse in 1977, and republished in 1981 by Ediciones Huracán, this was Ángela María Dávila Malavé's second poetry book, but the first book she wrote without her husband, the poet José María Lima. In one sense, this statement is misleading, since the book continually undermines her authorial role by attributing its creative force to the voices of countless poets, freedom fighters, family members, and unnamed sources, making it impossible to conscribe it within narratives of continuity or rupture. Written during the years in which she gave birth and began raising her son, Aurelio "Yeyo" Lima Dávila, it offers him, her, and the readers a matrilinear alternative to what Juan Gelpí called Puerto Rico's "paternalist" literary discourse.

animal fiero y tierno is "un vientre," a womb. Through this womb, poet and reader break with linear genealogy, crossing the blurred line between birth and death, and acknowledging that language is a collective project where the individuated poetic voice is as bound to each "foundress" of her "tenderness." The book's skin is composed of permeable boundaries that demarcate but do not exclude. Multiple voices echo within its intermittent frame, where the reader must choose to participate by lingering in shadowy lacunas, wet niches where the crying begins even before the crier can be named. There, the poetic voice searches for her "lineage" (*estirpe*) through hopscotched multiplicity.

This poetry thrashes with the ecstatic quotidian. It births a life already entangled with loss and silence. To be of the book is to become the animal that lives between signs, to encarnate tenderness. Dávila Malavé combines pictographic images, the suppression of capitalization and titles, large areas of blank space, the division of the book in regions, and phonetic spelling with more standardized syntax, lineation, and punctuation. All of these strategies reshape estrangement as intimacy.

My copy became my obsession, and one of my first translation projects, which, in starts and stops, would last fifteen years. It represented my greatest challenge and now represents one of my greatest honors. My passion for her poetry eventually lead me to Dávila Malavé's family, la tribu, all of whom have been beyond generous and played a central role in bringing this edition to light. I am eternally grateful to Aurelio "Yeyo" Lima Dávila and Amanda for their comments, guidance, and vision.

Through its translation into *fierce and tender animal*, I became a translator. A great deal of my translation philosophy developed over the years as I privately struggled to render the new text in English. This edition is a culmination of those lessons. I avoid overexplaining its poetry as if translation were a form of linguistic turism, but I do, at key moments, allow the English-language reader an entry point into some of the more knotted aspects of the Spanish text. I have provided endnotes only where something in the source text has been flattened or lost, or when my choices require further explanation. As for matters of style, I remain attentive to poetic form as a kind of content because it is my belief that if the poet had wanted to simply explain, she would have written an article, not a poem. How each verse sounds and relates to each stanza, each poem, and to the book as a whole, is as important as what is being conveyed or obscured.

I have integrated much of the feedback provided by the Dávila family. We discussed the text in a spirit of mutual respect and based on our shared belief that we each have a different relationship to this writing and thus a valuable perspective to offer. I have additionally included images of unpublished drafts of some of these poems, various unpublished poems that were excluded from the final manuscript, and photos of the poet, all of which were generously provided by Yeyo and Amanda. After discussion, we agreed that I would not translate this unpublished material.

Lastly, I would like to share some thoughts on the significance of this publication for Puerto Rican literature. I was lucky enough to experience holding a physical copy of the 1981 edition of a*nimal fiero y tierno*, but for decades most readers shared it electronically or through photocopies. They fell in love with these poems without ever touching the cover, smelling the paper, or feeling the shock of handling its deceptive smallness. The absense of a translation also meant many English-speakers in the diaspora did not even know of its existence. It is my hope that this new edition will significantly expand its circulation so that it might reach many more readers, who will now also be able to enjoy one of our most important literary works.

— *Roque Raquel Salas Rivera*

Manuscript and Typescript Versions of Poems from *animal fiero y tierno*

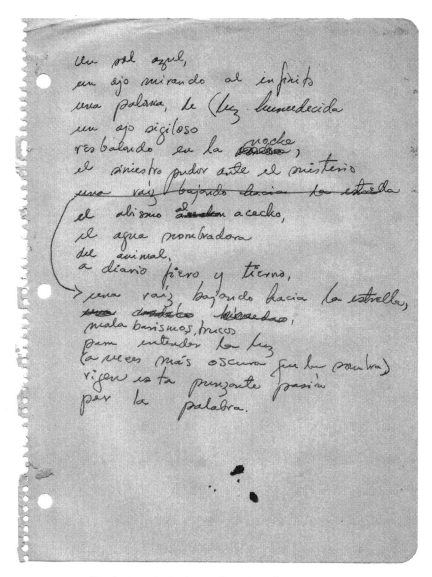

Handwritten draft of poem "un sol azul" with edits and annotations. Written on unruled, ring-notebook paper.

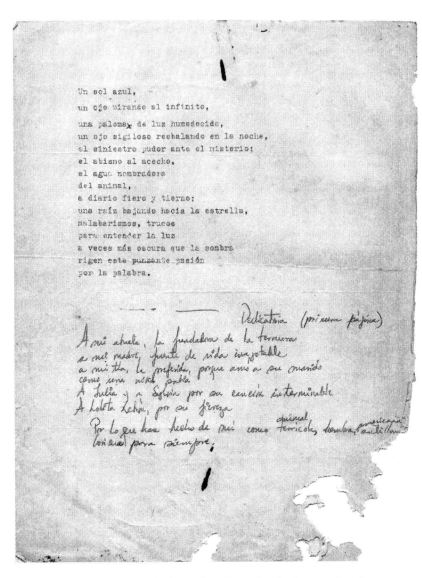

Typewritten draft of "un sol azul" with handwritten version of "dedicatoria" on unruled paper with paperclip and ink stains.

Handwritten alternative draft of "dedicatoria" with word repetitions and variations. Written on unruled paper.

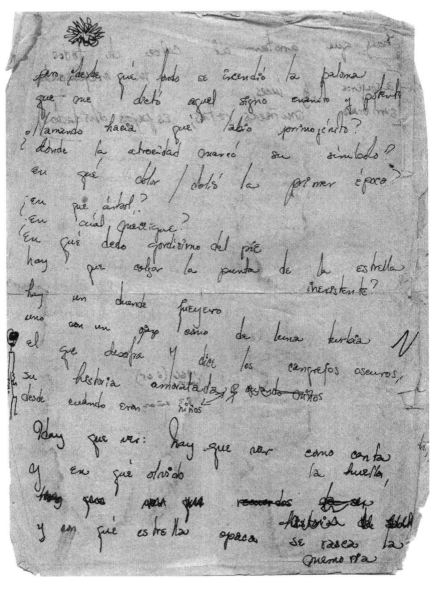

Handwritten draft of "pero, desde qué fondo" with drawings in the margins of figures and flora, edits, and dated "1966 (ó 65) 22 años"/ 1966 (or 65) at age 22. Written on unruled paper.

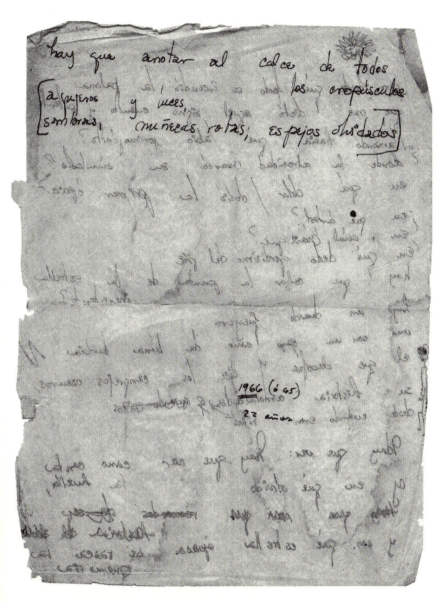

Handwritten draft of "pero, desde qué fondo" with drawings in the margins of figures and flora, edits, and dated "1966 (ó 65) 22 años"/ 1966 (or 65) at age 22. Written on unruled paper.

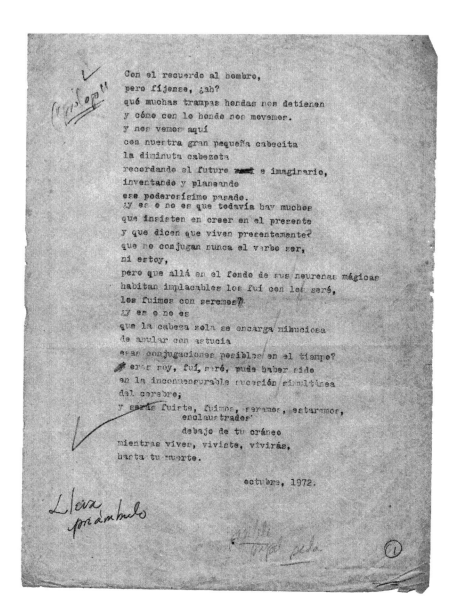

Typewritten draft of "con el recuerdo al hombro" with edits and annotations. Dated octubre/October, 1972. Typed on unruled paper.

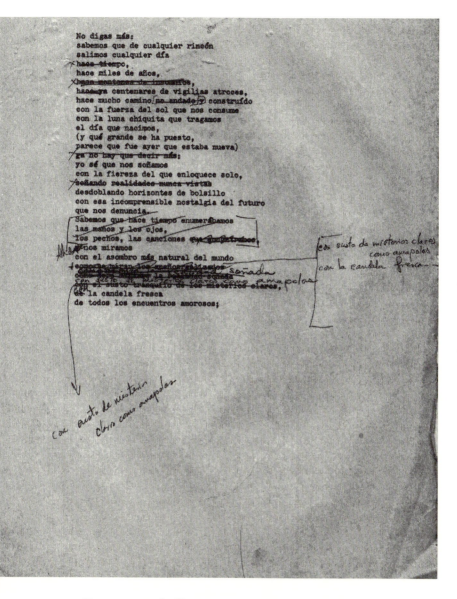

Typewritten draft of "no digas más" with heavy edits and annotations. Typed on unruled paper.

Todos en
Pessoa

```
TANTO POCO Y ES TANTO
TANTO POCO DOLOR QUE SE AGIGANTA
TANTA POCA ALEGRIA RELUCIENTE.
AQUEL OJO MI HERMANO
ESE PEDAZO MIO DE MANO
CON SUS DEDOS EN ORDEN
QUE ME SALUDA,
AQUEL FRAGMENTO DE TODAS MIS MIRADAS
QUE ME OBSERVA FRONTAL
AHI,                                            II (1)
A TRES POCOS DE AIRE.
AQUEL POQUITO MIO DE SONRISA QUE OBSERVO
EN EL LABIO EXTENDIDO
DE MI AMIGO.
TANTOS POCOS
Y TANTO PEDACITO VIVIENDO Y CAMINANDO
DESPRENDIDO Y PRENDIDO A ESE TODISIMO
QUE ME APOCA, ME CRECE,
SIRVIENDOME DE ESPEJO REFLEJADO...
NO SE POR QUE DE GOLPE ME RECUERDO
(MI MAMA PREGUNTANDOME CON LA VOZ COMO PETALOS,
SABIENDO LA RESPUESTA),
YO ESTIRANDO LA ENTONCES PEQUEÑISIMA
EXTENSION DE MIS BRAZOS:
"TE QUIERO ASI DE GRANDE,
COMO EL CIELO DE GRANDE."
YO DIMINUTA.

                        JULIO 1973


2.   ANGELA    ANA    MARIA    DALIA    BEATRIZ
```

Typewritten draft of "tanto poco y es tanto" with edits and annotations. Includes typewritten writing: "2. Angela Ana Maria Dalia Beatriz" under poem. Typed on unruled paper.

*Handwritten draft of "era una noche," signed by Ángela María.
Written on unruled paper.*

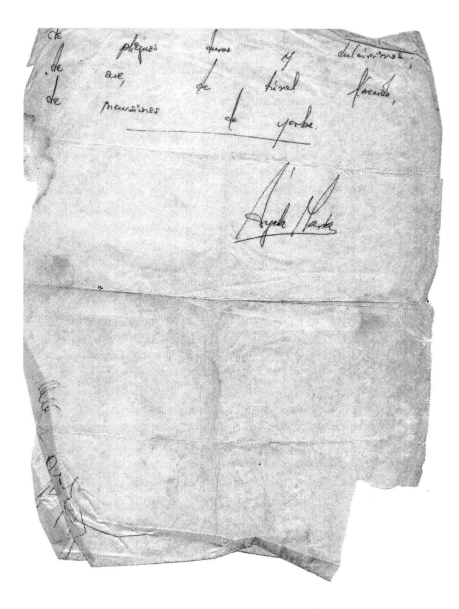

*Handwritten draft of "era una noche," signed by Ángela María.
Written on unruled paper.*

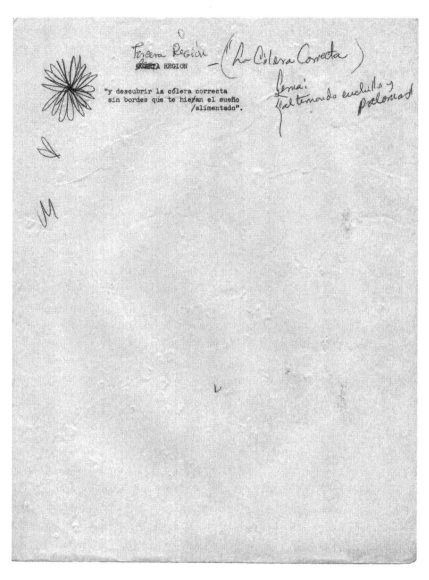

Tercera Región — ("La Cólera Correcta")
~~SEGUNDA~~ REGION

"y descubrir la cólera correcta
sin bordes que te hieran el sueño
/alimentado".

Lema:
Alternando cuchillo y
 palomas

Title of the Third Region, with hand drawings and an epigraph.

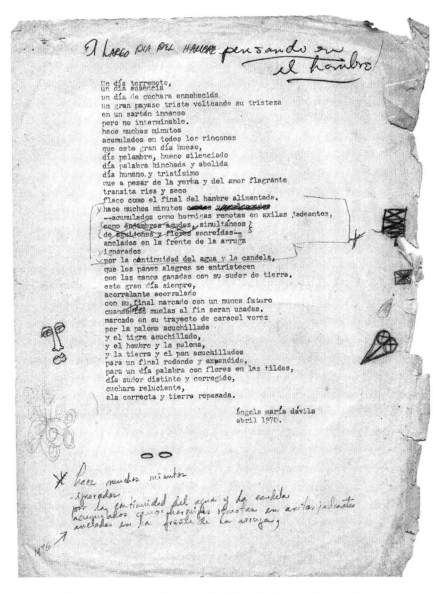

Typewritten draft of "el largo día del hambre" with edits, drawings, and annotations. Drawings of geometrical figures and a face. Dated abril/April 1970. Typed on unruled paper.

Un día terremoto,
un día ausencia
un día de cuchara enmohecida
+un gran payaso triste volteando su tristeza
en un sartén inmenso, ~~pero~~
pero no [milenario.] → interminable
hace muchos minutos
acumulados en todos los rincones
que este gran día hueso,
día pelambre, hueco silenciado°.
día palabra hinchada y abolida
día humano y tristísimo
que a pesar de la yerba y del
                          amor flagrante
transita risa y seco
Xflaco como el final del hambre ali-
                                    mentada,
hace muchos minutos cortos y prolon-
                                    gados
X— acumulados como hormigas remotas en
                          axilas jadeantes
como enjambres agudos, simultáneos
de aguijones y flores sonreídas;

Handwritten draft of "el día largo del hambre" on unruled, ring-notebook paper.

Handwritten draft of "aproximadamente" on unruled paper with paperclip stain.

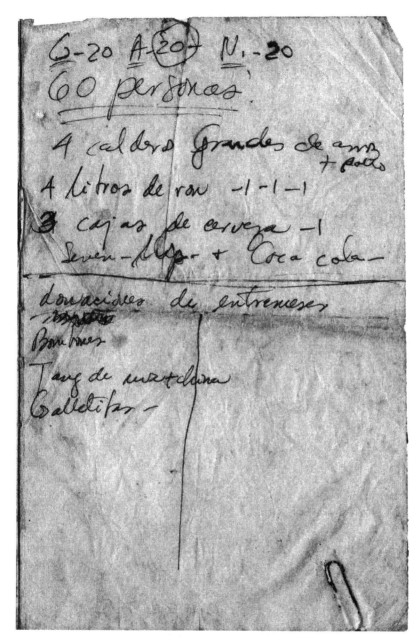

List of supplies and materials for an event organized for 60 attendees.

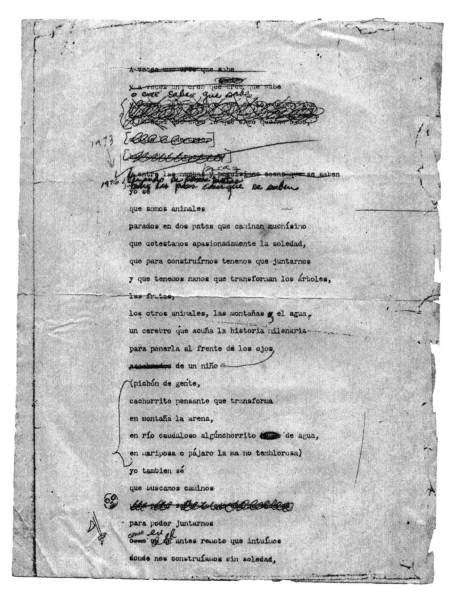

Typewritten draft of "cuando se ponen juntas" with heavy edits and annotations, and small drawings of faces and flora. Dated diciembre/December 1970 and signed Ángela María Dávila Malavé. Typed on unruled paper.

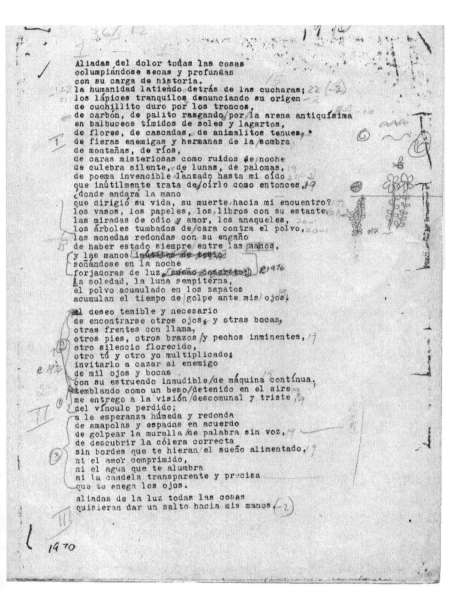

```
Aliadas del dolor todas las cosas
columpiándose secas y profundas
con su carga de historia.
la humanidad latiendo detrás de las cucharas;
los lápices tranquilos denunciando su origen
de cuchillito duro por los troncos,
de carbón, de palito rasgando por la arena antiquísima
en balbuceos tímidos de soles y lagartos,
de flores, de cascadas, de animalitos tenues,
de fieras enemigas y hermanas de la sombra
de montañas, de ríos,
de caras misteriosas como ruidos de noche
de culebra silente, de lunas, de palomas,
de poema invencible lanzado hasta mi oído
que inútilmente trata de oírlo como entonces,
¿donde andará la mano
que dirigió su vida, su muerte hacia mi encuentro?
los vasos, los papeles, los libros con su estante
las miradas de odio y amor, los anaqueles,
los árboles tumbados de cara contra el polvo,
las monedas redondas con su engaño
de haber estado siempre entre las manos,
y las manos inútiles de tanto
soñándose en la noche
forjadoras de luz, sueño concreto)
la soledad, la luna sempiterna,
el polvo acumulado en los zapatos
acumulan el tiempo de golpe ante mis ojos;

el deseo temible y necesario
de encontrarse otros ojos, y otras bocas,
otras frentes con llama,
otros pies, otros brazos y pechos inminentes,
otro silencio florecido,
otro tú y otro yo multiplicado;
invitarlo a cazar al enemigo
de mil ojos y bocas
con su estruendo inaudible de máquina contínua,
temblando como un beso detenido en el aire
me entrego a la visión descomunal y triste
del vínculo perdido;
a la esperanza húmeda y redonda
de amapolas y espadas en acuerdo
de golpear la muralla de palabra sin voz,
de descubrir la cólera correcta
sin bordes que te hieran el sueño alimentado,
ni el amor comprimido,
ni el agua que te alumbra
ni la candela transparente y precisa
que te anega los ojos.

aliadas de la luz todas las cosas
quisieran dar un salto hacia mis manos

1970
```

Typewritten draft of "aliadas del dolor todas las cosas" with heavy edits and annotations, and small drawings of faces and flora. Dated diciembre/December 1970 and signed Ángela María Dávila Malavé. Typed on unruled paper.

```
hacia mi piel,
cruzando mi garganta/como un puente final, [definitivo]
hacia mi claridad definitivo
que las nombra de nuevo como un rito,
desempolvado y ágil,
tropezando,
que llega por el tiempo hasta mi boca;
y mi silencio tartamudo dice:
flores, río, cascada, luz, lagarto,
papel, paloma, luna, sombra y agua
vaso, lápiz, cucharas y peces de colores
calle, yerba, edificio,  sol,  mar,  nube,
piedra, vino, misterio, niño, árbol
isla, lluvia, silencio.
y también dice guerra, ruido, hambre
amor, amante, balas
amigo,
compañero.

                    diciembre, 1970.
                    Ángela María Dávila Malavé
```

Typewritten draft of "aliadas del dolor todas las cosas" with heavy edits and annotations, and small drawings of faces and flora. Dated diciembre/December 1970 and signed Ángela María Dávila Malavé. Typed on unruled paper.

Handwritten draft of "¿será la rosa?" on unruled, ring-notebook paper. Dated 31 de oct., pero de nov. 1973/October 31, but from November 1973.

Handwritten draft of "¿será la rosa?" on unruled, ring-notebook paper. Dated 31 de oct., pero de nov. 1973/October 31, but from November 1973.

Handwritten draft of "¿será la rosa?" on unruled, ring-notebook paper. Dated 31 de oct., pero de nov. 1973/October 31, but from November 1973.

Handwritten draft of "¿será la rosa?" on unruled, ring-notebook paper. Dated 31 de oct., pero de nov. 1973/October 31, but from November 1973.

Unpublished Poems

Handwritten draft of the unpublished poem "una mujer y un hombre cogidos de la mano," poem that was originally to be included in animal fiero y tierno. *On unruled, ring-notebook paper, with edits, it is dated enero/January 1977.*

Negrito tú dime cuando (plena)
negrito tú dime cuando
la libertad llegará
la libertá aquí no llega
si los yankis no se van,
la libertá aquí no llega
si los yankis no se van.
Como ellos no quieren irse
los tendremos que sacar
la libertá aquí no llega
si los yankis no se van
quieren destruir la tierra
quieren la universidad
quieren que le demos sangre
para matar en Viet-nam,
y como no quieren irse
los tendremos que sacar
la libertá aquí no llega
si los yankis no se van

Los tendremos que sacar,
si los yankis no se van
no tendremos libertad,
si los yankis no se van

Handwritten draft of the unpublished poem/plena "negrito tu dime cuando (plena)," poem that was originally to be included in animal fiero y tierno. *On unruled, ring-notebook paper, with edits, it has drawings of the letter "a" in the margins.*

crepusculando adioses.
la luna desde adentro siempresola y fecunda,
fuerte como la pena
cierta como el futuro recordado y punzante
desde el primer dolor de ojo colgado;
desde el olfato duro casi sospecha
y casi no tan casi
de que hasta el agua misma se rompe.

crepusculando asi; suspensa y largamente
adioses condensados
en un gran labio triste sin beso de universo
desde que tiempo infimo?
desde que hora tan fieramente extensa?
en que pico de gallo remoto y primitivo
se predico el dictamen continuado de la luz inconclusa?
crepusculando esperas-silenciadas-
desde el casi vivir, casi no vida
que acompasa al silencio,
casi destino este,
de vivir incompleto
tan cercano a los poros como la misma lluvia,
roncamente girando por el hueso mas solo;
sumergido en la luz casi penumbra,
fieramente extendidos, casi, casi.

1964

te acuerdas del nuevo sol aquel
que me agrietaste?
ya no me rompe en ti,
y aun es tuyo.
hoy---resbala en mi
esta sensacion vieja y alargada
de lo que se ha vivido.
los pedazos de sol se aprisionan
todavia en mis venas;
ya no me brilla igual,,
pero es mas mio que mi ombligo,
mas mio que el amor de mis pies
sobre la arena,
te recuerdo en futuro,
el pelo se me hincha de silencio
y la sombra a mi lado tratando
de encogerlo.
xxxxxxxxxxxxxxxx
xxxxxxxxxxxx
te acuerdas pionero
de aquel remoto dia
que anclaste tu furor en mi cintura?
tu nunca me dijiste
que al sacudir las venas y la sangre
se quebraban los huesos.

1963

*Typewritten drafts of the unpublished poems "crepusculando adioses"
and "te acuerdas del nuevo sol aquel" that were originally to be
included in* animal fiero y tierno. *On unruled paper and dated
1963 and 1964.*

Un relámpago duro y asombrado
se detuvo en el aire estremecido
ya entonces,
y un poquito después del horizonte
         desdoblado
descubríamos árboles,
palabras,
los silencios delgados y espumosos
el rumor inaudible
de tantos lagartijos infinitos
la sal de las heridas,
las heridas,
las dulces ataduras con la yerba;
y salían al paso
montañas transparentes
edificios de espuma, soles negros.
Entonces
sin saber desde cuándo se fraguaba,
aquella mariposa de piedra:
perseguidora estática de lugares redondos,
de luces primitivas
y de sonrisas claras al acecho.
Se reunieron las bocas invadidas,
las avideces tenues de las manos
y todo aquello era
como un bullicio oscuro y repoblado
alternando distancias,
y presagios de nube endurecida,
y canciones pulidas, y perfumes.
Lagarto,
mi lagarto terrible y amoroso:
 qué abeja sigilosa
elaboró la miel equivocada,
qué pregunta sujeta de la pierna de un
            pozo
detuvo margaritas?
El sol desaliñado,
el agua herida que me nombra la lágrima
me sumerge entre todas las sombras de la
          historia;
cómo recuperarme de mi ausencia
fuera del territorio de tu labio,
de tu cerco de fuego elemental,
de tu murmullo sólido de círculo seguro
del ruido de tu agua,
de tu agua.

Typewritten drafts of the unpublished poems "un relámpago duro y asombrado" and "qué trascendencia" that were originally to be included in animal fiero y tierno. *Typed on unruled paper.*

o pedacitos duros,
no temas
que mi sonrisa es alta para ti
y el agua que me expande por tu risa
no podré contenerla ni escribirla.
                                    1971.

    Qué trascendencia
    qué ruu

        Qué trascendencia
        qué ruido de agua leve
    me sumerge el recuerdo silbante de tu origen?
    aquella luz tan húmeda
    que me alumbró los huesos más recónditos;
    aquel aire dolido de risa y desconcierto
    evocándome ágil
    y como quien no quiere
    el ave adolorida dormida por mi mano.
        Qué tartamuda y alta de amor
    me sorprendiste!
    angustiada de pájaros para poder decirte
    de mis ojos recientes y poblados
    de mi sombra raída por tu paso.
    Cómo reciénnacían recodos imprevistos
    con florecitas tibias, con agujas;
    mientras tanto
    tu voz como un sombro de salitre
    desgastando mi nombre distinto y empolvado
    designando de prisa
    mi santo y seña futuro y milenario.
    La canción esperada de células y soles,
    de palabra encontrada;
    los destellos de sombra
    tramitando su paso inesperado,
    la soledad profunda y agredida
    sacudiéndose el musgo, retirándose,
    volviendo hasta la orilla, reteniéndo
    las piedrecitas duras, levantándose
    temblante y transparente
    tropezando con hoyos como abismos,
    corriendo alrededor,
    besando la alegría,
    regañando mi entrega
    definiendo su impulso y su extensión confusa
    acercándose más hacia tu estancia
    honda y definitiva.
    Mientras tanto tu voz,
    como si siempre me hubieran conocido tus palabras.

    Había un manantial sonoro murmurando
    mi destino de sangre rumorosa,
    un filito brillante, un grito austero
    una torre
    un navío ensangrentado,
    una sombra de luz,
    una paloma
    y ojos al unísono
    enamorados de los vegetales.
    Un rlá
    Un relámpago duro y asombrado
    se de

Typewritten drafts of the unpublished poems "un relámpago duro y asombrado" and "qué trascendencia" that were originally to be included in animal fiero y tierno. *Typed on unruled paper.*

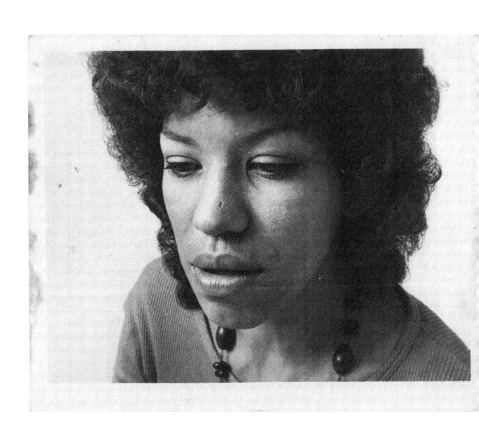

Ángela María Dávila Malavé, 1979.

Ángela María Dávila Malavé, México, 1981.

Ángela María Dávila Malavé (1944-2003)

una de las poetas más significativas e influyentes de la literatura puertorriqueña, Ángela María Dávila Malavé o Ángelamaría Dávila, nació el 21 de febrero de 1944 en Humacao, Puerto Rico. A comienzos de su trayectoria, la Boricua de nación, corazón y entendimiento, formó parte del Grupo Guajana. En 1966, en colaboración con el poeta José María Lima, publicó el poemario a dos voces *Homenaje al ombligo*. A poco más de una década, publicó *Animal fiero y tierno* (qeAse, 1977; 2da ed. Ediciones Huracán, 1981), el primer poemario exclusivamente de su autoría. En 2006, la Editorial del Instituto de Cultura Puertorriqueña organizó la publicación póstuma del poemario *La querencia*, una colección que abarca casi tres décadas de labor poética. Dávila Malavé dedicó toda su vida a la poesía y a la lucha por la independencia de Puerto Rico, como embajadora cultural internacional y en sus recitales, cumpliendo su destino como animal fiera y tierna. Su espíritu partió de este mundo el 8 de julio de 2003 en Río Grande, Puerto Rico.

Ángela María Dávila Malavé (1944-2003)

one of the most significant and influential poets in Puerto Rican literature, Ángela María Dávila Malavé or Ángelamaría Dávila, was born on February 21, 1944, in Humacao, Puerto Rico. At the beginning of her literary trajectory, the Boricua in nation, heart, and understanding was part of the Guajana Group. In 1966, in collaboration with the poet José María Lima, she published the dual-author poetry book, *Homenaje al ombligo*. A little over a decade later, she published a*nimal fiero y tierno* (qeAse, 1977; 2nd ed. Ediciones Huracán, 1981), her first solo collection. In 2006, the Instituto de Cultura Puertorriqueña posthumously published *La querencia*, a collection that includes nearly three decades of her work. Dávila Malavé dedicated her entire life to poetry and fighting for the independence of Puerto Rico, as an international cultural ambassador and through her performances, thus fulfilling her destiny as a fierce and tender animal. Her spirit departed this world on July 8, 2003, in Río Grande, Puerto Rico.

Roque Raquel Salas Rivera (1985)

poeta, traductor y editor puertorriqueño de experiencia trans, nacido en Mayagüez, Puerto Rico. Sus reconocimientos incluyen el nombramiento como Poeta Laureado de la ciudad de Filadelfia, el Premio Literario Lambda, el Premio Nuevas Voces y el inaugural Premio Ambroggio. Es el autor de seis poemarios y el coeditor de las antologías *Puerto Rico en mi corazón* (Anomalous Press, 2019) y *La piel del arrecife: Antología de poesía trans puertorriqueña* (La Impresora, 2023). Entre sus traducciones cuenta con *The Rust of History* (Circumference Press, 2022), semifinalista para el Premio Nacional de Traducción de ALTA; *The Book of Conjurations*, de Irizelma Robles (Sundial/Columbia University Press, 2024), ganador del Premio de Traducción Literaria Sundial; y la antología *Hijas de América Latina* (ed. Sandra Guzmán, HarperCollins, 2023). Salas Rivera vive, enseña y crea desde Puerto Rico.

Roque Raquel Salas Rivera (1985)

is a Puerto Rican poet and translator of trans experience born in Mayagüez, Puerto Rico. His honors include being named Poet Laureate of Philadelphia, the Lambda Literary Award, the Premio Nuevas Voces, and the inaugural Ambroggio Prize. The author of six poetry books, he also coedited the anthologies *Puerto Rico en mi corazón* (Anomalous Press, 2019) and *La piel del arrecife: Antología de poesía trans puertorriqueña* (La Impresora, 2023). Among his translations are *The Rust of History* (Circumference Press, 2022), longlisted for ALTA's National Translation Award; *The Book of Conjurations* (Sundial/Columbia University Press, 2024) by Irizelma Robles, winner of the Sundial Literary Translation Award; and the anthology *Hijas de América Latina* (ed. Sandra Guzmán, HarperCollins, 2023). Salas Rivera lives, teaches, and creates in Puerto Rico.

Praise for *animal fiero y tierno*

Hacia una poética elíptica, de referencias y diálogos que se expanden hacia otras escrituras y voces, Ángela María Dávila medita sobre la percepción del tiempo para reconfigurar la continuidad histórica donde "habitan implacables los fui con los seré". La poeta nos hace transitar por un juego de escalas, una comunión de aparentes antagonismos y simultaneidades sensoriales, donde se iluminan, con ironía y extrañeza sintáctica: la soledad, la tristeza y la precariedad, para movernos hacia una colectividad en construcción/revolución. La vanguardia histórica, pliegues neobarrocos, el César Vallejo de *Trilce*, Julia de Burgos y su "lengua trasparente", y una imaginería pastoral, que se podría emparentar a la de Marosa di Giorgio, transitan por este extraordinario libro, traducido por Roque Raquel Salas Rivera, quien conmemora con su espléndida traducción esta *avis rara*, fiera y tierna, de la poesía latinoamericana.

Giancarlo Huapaya
Editorial Director, Cardboard House Press

Praise for *animal fiero y tierno*

For decades, readers in Puerto Rico have appreciated the art, beauty, mystery, and poetic joy breathing deeply in every page of Ángela María Dávila's *animal fiero y tierno.* And indeed, this really is an amazing book for so many reasons: its visuality; its intense connection to human bodies; animal bodies; the air and earth; history; memory; and the sadness and tenderness of language. Written in conversation with revolutionary poets like Julia de Burgos and César Vallejo, and political revolutionaries like Lolita Lebrón, Dávila's poetics powerfully and movingly interrogate pain, time, hunger, what it means to live amid the "empire of the earth" and, of course, the empire of the Empire. Roque Raquel Salas Rivera's brilliant and risk-taking translation is informed by a deep connection to the poet's life and artistic sensibilities; more importantly, he is able to access the magic, the energy and force of this *fierce and tender animal.* I am grateful for Salas Rivera's momentous labor in bringing this stunning poemario of the Americas to new generations of readers who, with Dávila, can now revel in "the fear and wonder of finding ourselves / with so much stuff all together, / such overmuch stuff."

Daniel Borzutzky
Poet and Translator

animal fiero y tierno/ fierce and tender animal, 2024 Edition, ©Centro Press

animal fiero y tierno (original manuscript), drawings, and unpublished materials, ©Herederos de Ángela María Dávila

English translation and "On Translating a*nimal fiero y tierno*," ©Roque Raquel Salas Rivera, 2024

All rights reserved. No part of this publication may be reproduced, distributed, or transmitted in any form or by any means, including photocopying, recording, or other electronic or mechanical methods, without the prior written permission of the publisher, except in the case of brief quotations embedded in critical reviews and certain other noncommercial uses permitted by copyright law.

Printed in the United States of America

ISBN: 9798329445640

LCCN: 2024950814

CENTRO Press
Center for Puerto Rican Studies
Hunter College, CUNY
695 Park Avenue, E-1429
New York, NY 10065

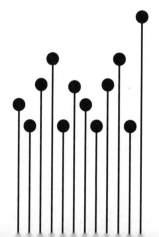